DAS GROSSE LOW CARB KOCHBUCH

Diana Ruchser

DAS GROSSE LOW CARB KOCH BUCH

90 ULTIMATIVE GERICHTE FÜR JEDEN TAG

CHRISTIAN

INHALT

VORWORT

Als ich 2014 meine Ernährung wegen meiner Diabetes-Erkrankung umgestellt habe, hätte ich nicht damit gerechnet, dass ich mehrere Bücher schreibe und dadurch bekannt für meine Rezepte werde.

Aus einer Laune heraus habe ich meine Website **www.schwarzgrueneszebra.de** erstellt und fleißig neue Rezepte eingestellt. Ganz nach dem Motto: Gesund ohne Verzicht.

Ich habe viel ausprobiert, viele gemüsereiche Gerichte entwickelt, aber auch so allerlei zuckerfreie Kuchen und Torten für jeden Anlass.

Langweilig sollte meine Low-Carb-Ernährung nie sein, weswegen ich gerne meiner Kreativität bei den Rezepten freien Lauf lasse, sodass ich nach all den Jahren immer wieder neue Gerichte präsentieren kann.

Nach meinen Büchern »Low Carb Cocktails«, »Low Carb Baking. Brot, Brötchen & Baguette« sowie »Low Carb Baking. Muffins & Cupcakes« war es nun an der Zeit, meine besten Rezepte in einem Buch zu verewigen.

Darum findet ihr in diesem Buch meine beliebtesten 100 Low-Carb-Rezepte aus dem Blog, teilweise in neuem Gewand und überarbeitet, aber auch mit Nährwertangaben.

Außerdem gibt es 20 neue Rezepte aus den Bereichen Frühstück, Vorspeisen, Salate, Hauptspeisen und Süßes, aber auch erfrischende Getränke und Cocktails.

Für alle, die mit ihrer Ernährungsumstellung erst beginnen, gibt es auch noch kurze und knackige Tipps für den Einstieg.

So ist in diesem Kochbuch einfach für jeden etwas dabei.

Ich wünsche dir viel Spaß beim Schmökern, Nachkochen und -backen.

D. Ruchser

Deine Diana Ruchser

DIE BESTEN TIPPS ZUR ERNÄHRUNGSUMSTELLUNG

Low Carb wird gerne als Crash-Diät gesehen: Zehn Wochen lang einfach auf ein paar Kohlenhydrate verzichten, schon sind einige Kilos weg, und ab geht es wieder in alte Gewohnheiten.

Das mag für einige wenige funktionieren. Es bedeutet aber auch immer ein Risiko für den Jo-Jo-Effekt. Nachhaltig die Ernährung umzustellen, ist hier die gesündere Variante. Zumal die kohlenhydratarme Ernährung nicht immer ein Garant ist, ein paar nervige Kilos zu verlieren. Aber sie kann helfen, im Kaloriendefizit zu bleiben, ohne zu hungern.

Ein positiverer Effekt der Low-Carb-Ernährung sind aber die gesundheitlichen Aspekte. Durch die geringen Insulinspitzen hilft diese Ernährungsform zum Beispiel bei Diabetes, kann Entzündungen regulieren und so bei verschiedensten Krankheiten helfen.

Wichtig ist hier allerdings eine ausgewogene Ernährung mit frischem Gemüse, natürlichem Eiweiß und Fett.

**DOCH WIE FÄNGT MAN AM BESTEN AN?
HIER EIN PAAR TIPPS:**

1. Mache dir klar, wieso du diese Ernährungsform wählst. Werde dir über deine Ziele und Wünsche bewusst. Soll es lieber eine lockere Ernährungsumstellung mit etwa 50–100 g sein oder doch lieber eine ketogene Ernährung mit 20–30 g Kohlenhydraten? Lies dich gut ein.

2. Streiche Kartoffeln, Reis, Getreide, Pseudogetreide und Zucker von deiner Einkaufsliste.

3. Versuche, möglichst auf stark verarbeitete Lebensmittel aus dem Supermarkt zu verzichten.

4. Du hast noch ungeeignete Lebensmittel im Haus? Packe sie alle in eine Kiste, verschenke oder spende sie in deinem Umkreis.

5. Schreibe einen Wochenplan mit geeigneten Rezepten und mache eine Liste. Kaufe nur Lebensmittel von der Liste und lasse dich nicht verführen.

6. Du bist viel unterwegs? Koche vor oder bereite dir Lunchboxen zu. So kommst du nicht in Verführung, schnelle Kohlenhydrate beim Bäcker oder im Supermarkt zu kaufen.

7. Führe ein Ernährungstagebuch entweder schriftlich oder per App.

8. Doch mal Lust auf Süßes, Brot oder eine andere Beilage als Gemüse? Backe und koche geeignete Rezepte nach. Dieses Buch liefert dir hierbei einige Ideen.

9. Fett ist nicht dein Feind. Fett ist ein Sattmacher, Energieträger und auch Geschmacksträger. Verzichte daher möglichst auf fettarme Light-Produkte.

10. Sei ehrlich zu dir selbst. Nur du allein bist für die Ernährung verantwortlich, sei konsequent, für jede Ausnahme bist du allein verantwortlich.

WELCHE LEBENSMITTEL SIND GEEIGNET?

Grundsätzlich gibt es keine festen Regeln für Low Carb. Es ist kein geschützter Begriff und somit auch für viele wandelbar. Es gibt einige Ernährungsprogramme, die die Regeln frei umsetzen und auch dehnen. Aber eine gute Faustregel, die sich in den vergangenen Jahren durchgesetzt hat, lautet: Keine Lebensmittel über 10 g/100 g Kohlenhydrate. Das gilt für alle Zutaten bis auf Gewürze, sofern man sie sparsam einsetzt.

Dabei sollte man vor allem auf Getreide, Pseudogetreide, Reis und Kartoffeln verzichten. Ebenso auf Zucker oder vermeintlich gesündere Alternativen wie Honig, Agavendicksaft oder Datteln.

GEMÜSESORTEN, DIE IMMER GUT AUF DEN SPEISEPLAN PASSEN

Spinat, Salat, Weißkohl, Spitzkohl, Blumenkohl, Spargel, Pilze, Auberginen, Zucchini, Brokkoli, grüne Bohnen, grüne Zwiebeln, Paprika (möglichst grün), Rosenkohl, Radieschen, Rettich, Sellerie, Tomaten, Steckrüben, Oliven, Lauch, Chili, Avocado, Petersilienwurzel und Kohlrabi.

TIERISCHE EIWEISSE

Eier, Geflügel, Rind, Schwein, Wild, Fisch, Meeresfrüchte, aber auch Schinken, Speck und Salami.

ABER AUCH MILCHPRODUKTE:

Sahne, Schmand, Mascarpone, griechischer Naturjoghurt, Quark, Hartkäse, Weichkäse, Frischkäse und Hüttenkäse.

GUTE FETTQUELLEN SIND DABEI:

Butter, Butterschmalz, Nussöle, selbst gemachte Mayonnaise, natives Olivenöl, natives Kokosöl, Schweineschmalz, Mandeln, Chiasamen, Leinsamen, Macadamianüsse, Pekannüsse, Kürbiskerne, Walnüsse und deren Nussmus.

DAS THEMA OBST

Obst sollte hingegen eine Ausnahme für etwas Süßes sein. Es ist nicht nötig für eine gesunde Low-Carb-Ernährung, aber hier solltest du dich auf Beeren wie Himbeeren, Erdbeeren, Johannisbeeren, Brombeeren oder Heidelbeeren beschränken. Nur in Ausnahmen sollten Äpfel, Aprikosen, Birnen, Orangen, Kirschen, Pfirsiche, Kiwis oder Melonen genossen werden.

ALKOHOL

Auch Alkohol kann man während einer kohlenhydratarmen Ernährung genießen. Hier sollte das Augenmerk auf trockenen Weinen liegen. Wer es lieber spritziger mag, kann sich auch einen zuckerfreien Softdrink mit Rum, Wodka oder Whiskey mischen. Auch klare Schnäpse sind kein Problem. Nur von Bier und Likören sollte man besser Abstand nehmen.

Man sollte allerdings bedenken, dass Alkohol die Fettverbrennung hemmen kann, und so sollte er beim Wunsch abzunehmen eine Ausnahme sein.

LOW-CARB-BACKEN

Wer sich am Backen versuchen möchte, muss an die Zutaten neu herangehen. Denn als Alternative zu Weizenmehl oder anderem Getreide werden in der Low-Carb-Backstube hauptsächlich Nuss- und Samenmehle verwendet. Ebenso extrahierte Fasern wie zum Beispiel aus Bambus.

Diese Zutaten haben eine andere Struktur, einen anderen Geschmack und auch eine andere Bindung, weswegen sie gerne gemischt werden. Dazu gibt man dann noch ein Bindemittel wie Ei, Quark, Guarkernmehl, Johannisbrotkernmehl, Konjakmehl sowie Flohsamenschalenpulver dazu.

DIE BEKANNTESTEN MEHLALTERNATIVEN SIND:
Mandelmehl, Kokosmehl, (Gold-)Leinsamenmehl, Hanfmehl, Kartoffelfasern und Bambusfasern.

Mandel- und Kokosmehl eignen sich hierbei auch ausgezeichnet für Kuchen, während die anderen Zutaten eher für Brot geeignet sind.

Ein geeigneter Zuckerersatz ist zum Beispiel Erythrit, Stevia (in Reinform), Xylit, Allulose und Monkfruit. Nach Belieben können diese Süßungsmittel auch gemischt werden.

Wer sich das erste Mal an Low-Carb-Gebäck wagt, sollte besser erprobte Rezepte auswählen, da die Zutaten leider teurer als herkömmliche Zutaten sind.

LOW-CARB-ERNÄHRUNG MIT FAMILIE

Es gibt Unterschiede, ob man alleine im Haus lebt oder mit Ehepartner und Kindern. Im besten Fall startet der Partner die neue Ernährungsform gleich mit. Doch das ist nicht immer der Fall.

UM NICHT STÄNDIG DOPPELT ZU KOCHEN, HIER EIN PAAR SCHNELLE TIPPS:

1 Beispiel Nudeln mit Hackfleischsauce: Koche die Sauce wie üblich, vielleicht ohne Stärke. Und koche der Familie Nudeln und bereite dir ein paar Zucchini-Nudeln zu. Alternativ gare dir schnell etwas Buttergemüse, Blumenkohl, Brokkoli oder Rosenkohl und serviere es dazu. Du hast nicht immer so viel Zeit, mache gleich eine größere Portion und bereite aus dem gedämpften Blumenkohl zum Beispiel anschließend ein Püree. (Rezept auf Seite 55)

2 Serviere einfach etwas mehr Salat. Auch ein grüner Salat mit Essig und Öl ist eine gute Alternative.

3 Koche Gerichte, die der ganzen Familie schmecken. Eintöpfe oder Gemüseaufläufe sind ein Hit bei der ganzen Familie, sie werden einmal gekocht und schmecken, ein bekanntes Beispiel: Gulaschsuppe.

4 Deine Familie besteht auf ihre Süßigkeiten? Versuche zu widerstehen oder backe dir deinen eigenen Kuchen, friere ihn portionsweise ein und genieße ihn bewusst. Oder biete an, beim Familienessen das zuckerfreie Dessert oder Kuchen zu servieren.

SO UMGEHST DU TÜCKEN UNTERWEGS!

WÄHREND EINER REISE

Leider ist es nicht ganz einfach, ohne unnötige Kohlenhydrate unterwegs zu sein. Oft gibt es Schnelles auf die Hand nur verpackt in einem Brötchen. Aber auch hier gibt es Möglichkeiten, vorzusorgen und zu planen. Du weißt, dass du eine Reise geplant hast, dann packe dir Proviant ein, in Form von belegten Eiweißbroten, Low-Carb-Muffins oder Gemüsesticks.

Auch spontan aus dem Supermarkt kannst du dich mit hart gekochten Eiern, Salami-Sticks, Cherrytomaten oder Nüssen eindecken.

BESUCH IM RESTAURANT

Studiere die Speisekarte im Restaurant schon vorher, so kannst du dich am besten vorbereiten. Nur noch wenige Ausnahmen bieten keine Alternative. Oft kannst du hier die Beilage einfach abbestellen und durch Salat oder Gemüse auf der Karte ersetzven.

Du bist dir bezüglich der Saucen nicht sicher?
Frage einfach die Servicekräfte.

ESSEN BEI FREUNDEN UND FAMILIE

Erzähle deinen Gastgebern von deiner Ernährung. Frage nach dem Essen und evtl. austauschbaren Beilagen. Plant das Festessen gemeinsam mit Low-Carb-Beilagen oder bereitet Raclette, Fondue oder ein BBQ zu. Um den süßen Verführungen aus dem Weg zu gehen, schlage vor, das Dessert zuzubereiten. Das Gleiche gilt natürlich auch für Kuchen beim Kaffeeklatsch.

LOW CARB IM URLAUB

Wer sich im Urlaub selbst versorgt, hat mit Vorwissen über die Zutaten weniger Probleme. Gemüse, Eier, Fleisch, Fisch und Milchprodukte gibt es so gut wie überall.

Wer beschließt, in ein Hotel zu gehen, sollte sich vorab informieren. Erkundigt euch nach dem Frühstück. Meist gibt es Rührei und Speck, dazu etwas Gemüse, Naturjoghurt und ein paar Nüsse. Wen beim Abendessen ein Buffet erwartet, kann hier auch die perfekten Komponenten heraussuchen und sich so einen leckeren Teller zusammenstellen.

GUT IN DEN TAG

RUSTIKALES BAGUETTE

Nährwerte für 3 Brote: 1587 kcal | 83 g F | 20 g KH | 110 g E

Für 2–3 Baguettes

ZUTATEN

6 Eier (Größe M)
250 g Quark 40 %
30 g Flohsamenschalenpulver
100 g Goldleinsamenmehl
30 g Kokosmehl
100 g Bambusfasern zzgl. etwas mehr zum Wälzen
1 TL Salz
1 Päckchen Trockenhefe
1 TL Brotgewürz
200–300 ml Wasser

AUSSERDEM

1 Baguetteform

ZUBEREITUNG

Die Eier mit dem Quark verquirlen. Das Flohsamenschalenpulver mit dem Goldleinsamenmehl, dem Kokosmehl und den Bambusfasern vermengen.

Das Salz, die Trockenhefe und das Brotgewürz dazugeben.

Die Mehlmischung mit der Eier-Quark-Mischung sowie mit dem lauwarmem Wasser zu einem glatten Teig verkneten.

Sollte der Teig zu flüssig sein, einfach mehr Bambusfasern dazugeben. Sollte er zu fest sein, einfach etwas mehr Wasser dazugeben. Den Teig an einem warmen Ort abgedeckt etwa 1 Stunde ruhen lassen.

Den Backofen auf 180 °C Umluft vorheizen. Den Teig in zwei oder drei Teile portionieren, zu einem Baguette formen und in 1 EL Bambusfasern wälzen. Die überschüssigen Bambusfasern abklopfen, das Baguette in die Baguetteform legen, der Länge nach einschneiden und im vorgeheizten Backofen etwa 45 Minuten backen.

Das Baguette auf einem Kuchengitter auskühlen lassen und servieren.

TIPP: Solltet ihr Probleme mit dem Formen des Baguettes haben, empfehle ich, den Teig auszurollen und dann wieder aufzurollen. So bekommt ihr eine tolle Form.

SESAMBRÖTCHEN

Nährwerte pro Brötchen: 185 kcal | 10,9 g F | 2,5 g KH | 15,6 g E

Für 8 Brötchen

ZUTATEN

4 Eier (Größe M)
250 g Quark 40 %
70 g Sesammehl
100 g Goldleinsamenmehl
10 g Guarkernmehl
30–35 g Bambusfasern
10 g Backpulver
½–1 EL Salz
200 ml Wasser
20 g Sesam

ZUBEREITUNG

Die Eier mit dem Quark verquirlen. Das Sesammehl mit dem Goldleinsamenmehl, dem Guarkernmehl, den Bambusfasern, dem Backpulver und dem Salz vermischen.

Die Mehlmischung zu der Eier-Quark-Mischung geben und dem Wasser nach und nach unterkneten. Sollte der Teig zu feucht sein, noch mehr Bambusfasern dazugeben. Der Teig sollte leicht klebrig, aber gut formbar sein.

Den Backofen auf 180 °C Umluft vorheizen und ein Backblech mit Backpapier auslegen. Den Teig mit feuchten Händen zu acht Teiglingen formen, auf das vorbereitete Backblech legen und mit Wasser bestreichen. Die Teiglinge leicht einschneiden, mit dem Sesam bestreuen und im vorgeheizten Backofen etwa 40 Minuten backen.

Die Brötchen auf einem Kuchengitter auskühlen lassen und servieren.

HANFBROT

Nährwerte für 1 Brot: 2067 kcal | 133,3 g F | 20,1 g KH | 149,8 g E

Für 1 Brot

ZUTATEN

4 Eier (Größe M)
250 g Quark 40 %
150 g Goldleinsamenmehl
50 g Hanfmehl
30 g Flohsamenschalenpulver
15 g Backpulver
1 EL Salz
nach Belieben Brotgewürz
100 g Hanfsamen
150–200 ml Wasser

ZUBEREITUNG

Die Eier mit dem Quark verquirlen. Das Goldleinsamenmehl mit dem Hanfmehl, dem Flohsamenschalenpulver, dem Backpulver und dem Salz vermischen und nach Belieben das Brotgewürz dazugeben.

Den Backofen auf 180 °C Umluft vorheizen und ein Backblech mit Backpapier auslegen. Die Mehlmischung zu der Eier-Quark-Mischung geben und verrühren. Das Wasser langsam zufügen und alles zu einem glatten Teig verkneten.

70 g Hanfsamen unter den Teig kneten, zu einem Brotlaib formen und mit Wasser bestreichen. Solange der Brotteig noch feucht ist, mit den restlichen Hanfsamen von allen Seiten einreiben und auf das vorbereitete Backblech legen.

Das Brot mit einem scharfen Messer etwa 2 cm tief einschneiden und im vorgeheizten Backofen etwa 90 Minuten backen.

Das Brot auf einem Kuchengitter auskühlen lassen und servieren.

FRÜHSTÜCKSSTRUDEL

Nährwerte pro Portion: 476 kcal | 32,6 g F | 6,0 g KH | 35,9 g E

Für 4 Portionen

ZUTATEN

FÜR DIE FÜLLUNG

100 g Baconscheiben
8 Eier (Größe M)
Salz, Pfeffer, Knoblauch
1 Handvoll Babyblattspinat

FÜR DEN STRUDELTEIG

2 Eier (Größe M)
250 g Quark 40 %
50 g Mandelmehl
20 g Bambusfasern zzgl. etwas mehr zum Ausrollen
5 g Xanthan
15 g Konjakmehl
Salz
15 g weiche Butter

ZUM BESTREUEN

nach Wahl Sesam, Käse oder andere Samen

ZUBEREITUNG

Für die Füllung den Bacon in einer beschichteten Pfanne knusprig braten und herausnehmen. Die Eier verquirlen, mit Salz, Pfeffer und dem Knoblauch würzen und in dem verbliebenen Baconfett zu Rührei stocken lassen. Den Spinat waschen und trockenschleudern.

Für den Strudelteig die Eier mit dem Quark verquirlen. Das Mandelmehl mit den Bambusfasern, dem Xanthan, dem Konjakmehl und 1 Prise Salz vermengen. Die Mehlmischung mit der Eier-Quark-Mischung zu einem glatten, gut formbaren Teig verarbeiten.

Den Teig so dünn wie möglich zu einem Rechteck ausrollen und dabei die Oberfläche mit Bambusfasern bemehlen. Den Teig mit etwas Butter bestreichen und den Bacon der Länge nach auf einem Drittel des Teiges verteilen. Das Rührei daraufgeben, mit dem Spinat belegen und nach Belieben salzen.

Die kurzen Enden des Strudelteigs einschlagen und dann vorsichtig, aber so fest wie möglich zusammenrollen. Den Strudel mit etwas Butter bestreichen, nach Wahl mit Sesam, Käse oder anderen Samen bestreuen und etwa 30 Minuten im vorgeheizten Backofen backen. Den Strudel lauwarm oder kalt genießen.

KÜRBISKERNBROT

Nährwerte für 1 Brot: 1981 kcal | 114,2 g F | 22,6 g KH | 170,7 g E

Für 1 Brot

ZUTATEN

4 Eier (Größe M)
250 g Quark 40 %
100 g Kürbiskernmehl
50 g Bambusfasern zzgl. evtl. etwas mehr zum Bestauben
50 g Goldleinsamenmehl
30 g Flohsamenschalenpulver
15 g Backpulver
1 EL Salz
100 g Kürbiskerne
200 ml Wasser

ZUBEREITUNG

Die Eier mit dem Quark verquirlen. Das Kürbiskernmehl mit den Bambusfasern, dem Goldleinsamenmehl, dem Flohsamenschalenpulver, dem Backpulver und dem Salz vermischen.

Den Backofen auf 180 °C Umluft vorheizen und ein Backblech mit Backpapier belegen. Die Mehlmischung zu der Eier-Quark-Mischung geben. Das Wasser nach und nach zufügen und zu einem glatten Teig verkneten. Etwa 80 g Kürbiskerne unterkneten, den Teig zu einem Laib formen, bei Bedarf an den Seiten mit Bambusfasern bestauben und auf das vorbereitete Backblech legen.

Die obere Seite des Brotlaibs mit etwas Wasser anfeuchten, mit den restlichen Kürbiskernen bestreuen und im vorgeheizten Backofen etwa 90 Minuten backen.

Das Brot auf einem Kuchengitter auskühlen lassen und servieren.

OFENPFANNKUCHEN MIT HEIDELBEEREN

Nährwerte pro Portion: 234 kcal | 14,5 g F | 6,9 g KH | 16,3 g E

Für 4 Portionen

ZUTATEN

4 Eier (Größe M)
250 g Quark 40 %
2 EL Erythrit
15 g Flohsamenschalenpulver
50 g Kokosmehl
1 Päckchen Backpulver
150–200 ml Mandelmilch
125 g Heidelbeeren
1–2 EL Kokosöl

AUSSERDEM

1 große ofenfeste Pfanne oder Auflaufform

ZUBEREITUNG

Die Eier mit dem Quark verquirlen, das Erythrit dazugeben. Das Flohsamenschalenpulver mit dem Kokosmehl und dem Backpulver vermischen.

Die trockenen Zutaten zu der Eier-Quark-Mischung geben und gut verrühren.

Die Mandelmilch zufügen und alles zu einem glatten und zähflüssigen Teig verarbeiten.

Optional noch etwas Erythrit dazugeben. Die Heidelbeeren vorsichtig unterheben.

Den Backofen auf 180 °C Umluft vorheizen. Eine ausreichend große Pfanne oder Auflaufform mit Kokosöl bestreichen und den Teig hineinfüllen. Er sollte dabei nicht mehr als 2–3 cm hoch sein. Den Pfannkuchen im vorgeheizten Backofen 25–30 Minuten backen.

Den Ofenpfannkuchen in Dreiecke schneiden, auf Tellern servieren und warm genießen. Er schmeckt allerdings auch kalt sehr gut.

RAFFAELLO-BOWL

Nährwerte pro Portion: 344 kcal | 20,7 g F | 4,2 g KH | 5,4 g E

Für 2 Portionen

ZUTATEN

500 ml Mandelmilch
50 g Erythrit
50 g + 1 EL Kokosraspel
1 TL weißes Mandelmus
4 g Konjakmehl
20 g weiße Low-Carb-Schokolade
½ TL Kokosöl

ZUBEREITUNG

Die Mandelmilch erhitzen, das Erythrit, 50 g Kokosraspel und das Mandelmus dazugeben, alles etwa 5 Minuten köcheln lassen und dabei regelmäßig umrühren. Das Konjakmehl einrühren und den Pudding vom Herd nehmen. Die Mischung in eine oder zwei Müslischüsseln füllen und abkühlen lassen.

Die Schokolade hacken, mit dem Kokosöl schmelzen, gleichmäßig auf dem Kokospudding verteilen und mit den restlichen Kokosraspeln bestreuen. Wenn gewünscht, kann noch eine geschälte Mandel in die Mitte gesetzt werden.

Die Raffaello-Bowl kalt stellen, bis die Schokolade fest geworden ist, und anschließend genießen.

TIPP: Die Bowl hält sich mehrere Tage im Kühlschrank.

PIZZA-OMELETT

Nährwerte pro Portion: 519 kcal | 39,9 g F | 7,2 g KH | 31,8 g E

Für 2 Portionen

ZUTATEN

6 Eier (Größe M)
1 EL Sahne
5 g Konjakmehl
1–2 EL Oregano, gerebelt
Salz, Pfeffer
200 ml passierte Tomaten
Salami oder anderer Belag nach Wunsch
50 g Reibekäse

ZUBEREITUNG

Die Eier aufschlagen und mit der Sahne verquirlen. Das Konjakmehl dazusieben und verrühren. 1 EL Oregano zufügen und mit Salz und Pfeffer nach Geschmack würzen.

Die Eiermischung in einer großen beschichteten Pfanne entweder zu einem großen oder zu zwei kleinen Omeletts ausbacken.

Die Tomaten mit dem Knoblauchpulver, Salz, Pfeffer und dem restlichen Oregano verrühren und auf dem Omelett verteilen. Anschließend nach Wunsch belegen und mit dem Käse bestreuen. Einen Deckel auf die Pfanne geben, bis der Käse geschmolzen ist, und das Pizza-Omelett servieren.

Das Pizza-Omelett schmeckt sowohl warm als auch kalt.

VITALES GRANOLA

Nährwerte pro 100 g: 520 kcal | 45,0 g F | 4,6 g KH | 22,2 g E

ZUTATEN

200 g Nussmischung (Walnusskerne, Haselnusskerne, Mandeln …)
1 EL Flohsamenschalenpulver
100 g Kürbiskerne
100 g Hanfsamen, geschält
50 g Sonnenblumenkerne
2 Eiweiß
50 g Erythrit

ZUBEREITUNG

Die Nüsse mit dem Flohsamenschalenpulver grob zerkleinern. Die Kürbiskerne, die Hanfsamen und die Sonnenblumenkerne mit der Nussmischung vermischen.

Das Eiweiß mit dem Erythrit steif schlagen und unter die Nuss- und Körnermischung heben.

Den Backofen auf 120 °C Umluft vorheizen und ein Backblech mit Backpapier auslegen. Die Granola-Mischung auf dem vorbereiteten Backblech verteilen und im vorgeheizten Backofen auf mittlerer Schiene etwa 70 Minuten backen.

Die Granola-Mischung auskühlen lassen und bis zum Servieren in Gläser oder Vorratsdosen füllen.

PORRIDGE MIT LEINSAMEN

Nährwerte pro Portion: 333 kcal | 27,0 g F | 1 g KH | 12,0 g E

Für 2 Portionen

ZUTATEN

50 g Goldleinsamen
500 ml Pflanzenmilch (zum Beispiel Mandelmilch)
Erythrit nach Belieben

ZUBEREITUNG

Die Goldleinsamen im Multizerkleinerer zerkleinern. Die Pflanzenmilch mit den Leinsamen aufkochen, mindestens 10 Minuten ziehen lassen und nach Bedarf mit dem Erythrit süßen.

TIPP: Den Porridge mit Nüssen oder Früchten toppen. Das Rezept funktioniert nicht mit Kuhmilch.

MOHNBROT

Nährwerte für 1 Brot: 1351 kcal | 66,3 g F | 16,4 g KH | 112,7 g E

Für 1 Brot

ZUTATEN

100 g Goldleinsamenmehl
50 g Mandelmehl, entölt
50 g Bambusfasern
30 g Flohsamenschalenpulver
15 g Backpulver
1 gestrichener TL Salz
330 g Eiweiß
400–500 ml Wasser
100 g Blaumohn

ZUBEREITUNG

Das Goldleinsamenmehl mit dem Mandelmehl, den Bambusfasern, dem Flohsamenschalenpulver und dem Backpulver vermischen. Das Salz, das Eiweiß und nach und nach das Wasser dazugeben und zu einem glatten Teig verkneten.

Den Teig zu einem Brotlaib formen und gut anfeuchten. Anschließend mit dem Mohn einreiben und die Körner gut andrücken.

Den Backofen auf 180 °C Umluft vorheizen und ein Backblech mit Backpapier auslegen. Das Mohnbrot auf das vorbereitete Backblech legen, mit einem Messer einschneiden und im vorgeheizten Backofen etwa 90 Minuten backen.

Das Mohnbrot auf einem Kuchengitter auskühlen lassen und servieren.

FRÜHSTÜCKSBAGELS

Nährwerte pro Stück: 535 kcal | 39 g F | 6 g KH | 30 g E

Für 8 Stück

ZUTATEN

FÜR DEN TEIG

4 Eier (Größe M)
250 g Quark 40 %
100 g Leinsamenmehl
50 g Hanfmehl
50 g Bambusfasern
30 g Flohsamenschalenpulver
1 TL Backpulver
½ TL Salz
200–250 ml Wasser
70 g Sonnenblumenkerne
30 g Goldleinsamen

ZUM BELEGEN

30–50 g Frischkäse
2–3 Baconscheiben
2–3 Salatblätter
3 Paprikaschnitze
1 Spiegelei

ZUBEREITUNG

Die Eier mit dem Quark verquirlen. Das Leinsamenmehl mit dem Hanfmehl, den Bambusfasern, dem Flohsamenschalenpulver, dem Backpulver und dem Salz vermischen.

Die Quarkmischung mit der Mehlmischung und das Wasser zu einem klebrigen, aber gut formbaren Teig verkneten. Die Sonnenblumenkerne und die Goldleinsamen unterheben.

Aus dem Teig mit angefeuchteten Händen acht Teigkugeln formen. Diese etwa 2 cm dick flach drücken und mit dem Finger oder einem Löffelstiel in der Mitte ein Loch formen. Den Teig-Rohling mehrfach drehen, damit das Loch immer größer wird. Der Durchmesser des Lochs darf gerne 3 cm sein, da die Bagels gut aufgehen.

Den Backofen auf 160 °C Umluft vorheizen und ein Backblech mit Backpapier auslegen. Die Bagels auf das vorbereitete Backblech legen und etwa 45 Minuten backen. Die Bagels auf einem Kuchengitter gut auskühlen lassen und anschließend belegen.

Die Bagels quer aufschneiden und beide Seiten mit dem Frischkäse bestreichen.

Die Baconscheiben in einer Pfanne ohne Fett kross braten und auf Küchenpapier abtropfen lassen.

Den Salat waschen und trockentupfen. Anschließend die Paprika vorbereiten.

Mit dem Baconfett in der Pfanne das Spiegelei nach Belieben ausbraten. Bei Bedarf auch salzen und pfeffern.

Den Salat oben und unten auf den Deckel bzw. Boden legen. Dann das Spiegelei auf die untere Hälfte platzieren, den Bacon und die Paprikastreifen darübergeben und den Deckel mit dem Salat vorsichtig auflegen.

Die Frühstücksbagels möglichst frisch genießen und gut in den Tag starten!

BÄRLAUCH-FETA-HÖRNCHEN

Nährwerte pro Stück: 311 kcal | 18,8 g F | 3,0 g KH | 22,5 g E

Für 8 Hörnchen

ZUTATEN

6 Eier (Größe M)
250 g Quark 40 %
100 g Bambusfasern
100 g Mandelmehl, weiß (entölt)
30 g Flohsamenschalenpulver
50 g Goldleinsamenmehl
1 Päckchen Trockenhefe
200–300 g Wasser
Olivenöl
1 TL Salz
Eigelb
200 g Feta
50 g Bärlauchpaste

ZUBEREITUNG

Die Eier mit dem Quark verquirlen. Das Mandelmehl mit den Bambusfasern, dem Goldleinsamenmehl, dem Flohsamenschalenpulver, der Trockenhefe und dem Salz vermischen.

Die Mehlmischung zu der Eier-Quark-Mischung geben und etwa 200 ml Wasser nach und nach unterkneten. Der Teig sollte leicht klebrig, aber gut formbar sein.

Den Teig mit Olivenöl einreiben, bis alles gut bedeckt ist, und zugedeckt an einem warmen Ort 1–2 Stunden gehen lassen.

Anschließend den Teig in acht Teile teilen, diese zu Kugeln formen und am besten auf einer Silikonmatte dünn ausrollen, bis ein ovales Teigstück entsteht.

Den Feta zerkrümeln. Etwa ein Viertel des Teigs an der kurzen Seite mit Bärlauchpaste bestreichen und etwas Feta dazugeben.

Auf der gegenüberliegenden kurzen Teigseite, im Abstand von etwa 1 cm, Schlitze bis zur Mitte einschneiden. Dabei einen Rand von etwa 5–10 mm lassen.

Danach den Teig von der Füllung ab fest aufrollen. An den Enden verschließen und zu einem Halbkreis formen. Das Bärlauch-Feta-Hörnchen nun auf ein mit Backpapier ausgelegtes Backblech legen. Mit dem restlichen Teig wiederholen, bis acht Low-Carb-Hörnchen entstanden sind.

Den Ofen auf 160 °C Umluft vorheizen und ein Backblech mit Backpapier auslegen.

Die Hörnchen auf das vorbereitete Backblech legen. Das Eigelb mit ein wenig Wasser oder Milch verquirlen und die Bärlauch-Feta-Hörnchen damit bepinseln. Anschließend die Hörnchen in den vorgeheizten Backofen geben und etwa 30–40 Minuten goldgelb backen.

Die Hörnchen auf dem Backblech auskühlen lassen und servieren.

SALATE, VORSPEISEN & SNACKS

BLUMENKOHLFALAFELN

Nährwerte pro Portion: 238 kcal | 16,8 g F | 3,6 g KH | 10,8 g E

Für 4 Portionen

ZUTATEN

500 g Blumenkohl
½ Bund Koriander
100 g Goldleinsamenmehl
1 TL Konjakmehl
½ TL Kreuzkümmel, gemahlen
Salz, Pfeffer
Fett zum Ausbacken

ZUBEREITUNG

Den Blumenkohl waschen, putzen, über dem Wasserdampf garen und etwas abkühlen lassen. Den Koriander waschen, trockentupfen und die Blättchen abzupfen.

Den gegarten Blumenkohl in einen Multizerkleinerer geben und mit dem Goldleinsamenmehl, dem Konjakmehl und dem Koriander zu einem homogenen Brei zerkleinern.

Die Blumenkohlmischung mit den Gewürzen abschmecken und zu kleinen etwa 3–4 cm großen Bällchen formen. Sollte der Teig zu weich sein, noch etwas Goldleinsamenmehl dazugeben. Die Falafel-Bällchen in dem erhitzten Fett ausbacken und nach Wunsch mit einem Joghurt-Minz-Dip servieren.

GRÜNER BOHNENSALAT MIT HACKFLEISCH

Nährwerte pro Portion: 635 kcal | 45,9 g F | 11,3 g KH | 38,8 g E

Für 4 Portionen

ZUTATEN

1 kg grüne Bohnen
1 Zwiebel
1 Knoblauchzehe
50 ml Olivenöl
500 g Hackfleisch
4 Fleischtomaten
250 g Feta
50 ml Essig
Salz, Pfeffer
Petersilie
Bohnenkraut bei Bedarf

ZUBEREITUNG

Die Bohnen waschen, putzen, kochen (nicht zu lange, da sie sonst die Farbe verlieren), abschrecken und abkühlen lassen. Die Zwiebel und den Knoblauch schälen, zerkleinern und in 1 EL erhitztem Öl anschwitzen. Das Hackfleisch dazugeben und gut durchbraten. Die Pfanne vom Herd nehmen und die Hackfleischmischung ebenfalls abkühlen lassen.

Die Fleischtomaten waschen, vierteln, das Fruchtfleisch und die Kerne entfernen und die Tomaten in kleine Würfel schneiden. Die Bohnen, das Hackfleisch und die Tomaten in eine große Schüssel geben und den Feta darüberbröseln.

Für das Dressing das übrige Olivenöl mit dem Essig verquirlen und mit Salz, Pfeffer und Petersilie würzen. Das Dressing mit den Salatzutaten vermischen, kurze Zeit durchziehen lassen, nach Bedarf mit Salz, Pfeffer und Bohnenkraut noch mal abschmecken und servieren.

GURKEN-TOMATEN-SALAT MIT FETA

Nährwerte pro Portion: 252 kcal | 18,6 g F | 5,7 g KH | 12,3 g E

Für 4 Portionen

ZUTATEN

2 Salatgurken
250 g Cherrytomaten
250 g Feta
2 EL Olivenöl
2 EL Essig
Salz, Pfeffer
Knoblauchpulver
Rosmarin, gemahlen

ZUBEREITUNG

Die Gurken waschen, die Enden entfernen und die Gurken mithilfe eines Spiralschneiders in Streifen schneiden. Die Cherrytomaten waschen und halbieren. Den Feta in kleine Würfel schneiden und mit den Tomaten und Gurken in eine Schüssel geben.

Für das Dressing das Olivenöl mit dem Essig verquirlen und mit Salz, Pfeffer und etwas Knoblauchpulver sowie dem Rosmarin abschmecken. Die Salatzutaten mit dem Dressing vermischen, kurze Zeit ziehen lassen und evtl. vor dem Servieren noch mal abschmecken.

TIPP: Wenn kein Spiralschneider zur Hand ist, die Gurken einfach hobeln oder in Stifte schneiden.

KETO-KARTOFFELSALAT AUS BLUMENKOHL

Nährwerte pro Portion: 283 kcal | 22,4 g F | 8,3 g KH | 7,7 g E

Für 4 Portionen

ZUTATEN

1 kg Blumenkohl
½ Bund Frühlingszwiebeln
½ Bund Petersilie
3–5 Radieschen
100–150 g Mayonnaise
125 g Joghurt
1–2 EL Weinbrandessig
Salz, Pfeffer

ZUBEREITUNG

Den Blumenkohl waschen, putzen, grob in Stücke schneiden, bissfest garen und abkühlen lassen. Die Frühlingszwiebeln waschen, putzen und in dünne Ringe schneiden. Die Petersilie waschen, trockentupfen, die Blättchen abzupfen und hacken. Die Radieschen waschen, putzen und in dünne Scheiben schneiden. Den abgekühlten Blumenkohl ebenfalls klein schneiden.

Für das Dressing die Mayonnaise mit dem Joghurt und dem Essig verrühren und mit Salz und Pfeffer abschmecken. Die Salatzutaten mit dem Dressing vermischen, kurze Zeit durchziehen lassen und nach Belieben kurz vor dem Servieren noch mal mit Salz und Essig abschmecken.

TIPP: Wer möchte, kann den Salat noch mit sauren Gurken, gekochtem Ei oder Speck toppen.

HERZOGINKARTOFFELN

Nährwerte pro Portion: 181 kcal | 10,9 g F | 7,2 g KH | 9,6 g E

Für 4 Portionen

ZUTATEN

1 kg weißer Rettich, Blumenkohl, Kohlrabi oder Steckrübe
Salz
2 Eier (Größe M)
25 g weiche Butter
Pfeffer
Muskatnuss, gemahlen
1–2 TL Bambusfasern
1–2 TL Konjakmehl
2 EL Milch

AUSSERDEM

Spritzbeutel mit Sterntülle

ZUBEREITUNG

Das Gemüse waschen, ggf. schälen, in Stücke schneiden und in Salzwasser weich kochen. Sobald das Gemüse gar ist, das Wasser abschütten, gut abtropfen lassen und das Gemüse durch eine Kartoffelpresse drücken oder mit einem Kartoffelstampfer zerdrücken. Das Wasser noch mal gut ausdrücken. Je nach Gemüsesorte geht hier mehr oder weniger Flüssigkeit verloren.

Das Gemüse in eine hohe Schüssel geben, mit den Eiern und der Butter pürieren und mit Salz, Pfeffer und dem Muskat würzen. Die Bambusfasern und das Konjakmehl dazugeben, bis die Mischung andickt. Die Gemüsemischung kurze Zeit ziehen lassen und nach Bedarf noch etwas Konjakmehl dazugeben. Der Teig sollte noch gut formbar, aber darf auch nicht zu flüssig sein.

Den Backofen auf 180 °C Umluft vorheizen und ein Backblech mit Backpapier auslegen. Den Teig in den Spritzbeutel mit Sterntülle füllen und auf das vorbereitete Backblech kleine Tupfen spritzen. Die »falschen« Herzoginkartoffeln vorsichtig mit der Milch bestreichen und im vorgeheizten Backofen etwa 20 Minuten knusprig braun backen.

TIPP: Der Teig der Herzoginkartoffeln ist etwas zu blass? Gib etwas Kurkuma für die Farbe dazu.

COUSCOUSSALAT AUS BLUMENKOHL MIT TOMATEN

Nährwerte pro Portion: 141 kcal | 7,9 g F | 8,4 g KH | 4,9 g E

Für 4 Portionen

ZUTATEN

1 kg Blumenkohl
½ Bund Lauchzwiebeln
etwas Fett zum Anbraten
1 Knoblauchzehe
250–300 ml passierte Tomaten
Salz, schwarzer Pfeffer aus der Mühle
Oregano, gerebelt
1 Paprikaschote
1 Salatgurke
Paprikapulver, edelsüß
Olivenöl
Branntweinessig

ZUBEREITUNG

Den Blumenkohl waschen, putzen und im Multizerkleinerer zu kleinen Krümeln verarbeiten. Die Lauchzwiebeln waschen, putzen und in dünne Ringe schneiden. Den grünen Teil erst mal zur Seite legen. Die Knoblauchzehe schälen und zerkleinern.

Eine Pfanne mit etwas Fett erhitzen und den weißen Teil der Lauchzwiebeln und den Knoblauch darin anbraten. Die Blumenkohlstücke dazugeben und unter Wenden ebenfalls anbraten. Die passierten Tomaten zufügen, aufkochen und mit Salz, Pfeffer und dem Oregano würzen. Wenn der Blumenkohl schön orange und krümelig ist, vom Herd nehmen und abkühlen lassen.

Die Paprika waschen, halbieren, die Kerne und die Stege entfernen und die Paprika würfeln. Die Gurke waschen, der Länge nach vierteln, die Kerne entfernen und die Gurke in mundgerechte Stücke schneiden.

Die Paprika- und die Gurkenstücke mit den grünen Lauchzwiebelringen in eine Schüssel geben, den »falschen« Couscous dazugeben, alles miteinander vermengen und mit Salz, Pfeffer und dem Paprikapulver würzen.

Nach Belieben Essig und Olivenöl dazugeben und etwa 1 Stunde ziehen lassen.

Kurz vor dem Servieren den Tomaten-Couscous-Salat noch mal mit Salz, Pfeffer und Essig abschmecken. Ich empfehle, den Salat wie oben beschrieben als Beilage zu servieren. Wer möchte, kann den Salat noch mit Nüssen, Feta oder Fleischstückchen verfeinern.

BLUMENKOHLPÜREE

Nährwerte pro Portion (mit Blumenkohl): 104 kcal | 5,0 g F | 5,5 g KH | 5,4 g E

Für 2 Portionen

ZUTATEN

500 g Blumenkohl (alternativ: Steckrübe, Pastinake, Petersilienwurzel oder Muskatkürbis)
30 ml Sahne oder Milch
Konjakmehl bei Bedarf
Muskatnuss, gemahlen
Salz, Pfeffer

ZUBEREITUNG

Den Blumenkohl (oder anderes Gemüse) waschen, putzen, in Stücke schneiden, über dem Wasserdampf garen und mit der Sahne oder Milch pürieren. Je nach Belieben mit etwas Konjakmehl andicken und mit dem Muskat, Salz und Pfeffer würzen.

TIPP: Wer möchte, kann auch etwas Kurkuma für die Farbe dazugeben.

BLUMENKOHLREIS

Nährwerte pro Portion: 80 kcal | 2,0 g F | 5,5 g KH | 7,0 g E

Für 2 Portionen

ZUTATEN

500 g Blumenkohl
1 l Brühe
Salz, Pfeffer

ZUBEREITUNG

Den Blumenkohl waschen, putzen, in kleine Röschen schneiden, dann raspeln, in der Brühe nach Belieben garen, mit Salz und Pfeffer abschmecken und servieren.

TIPP: Alternativ mit tiefgekühltem Blumenkohl zubereiten. Dafür den Blumenkohl mit warmem Wasser in den Mixer geben und sehr kurz mixen, sodass kleine Raspel entstehen. Entweder das Wasser abgießen und in der Brühe kochen. Oder die Blumenkohlstückchen im Wasser vom Mixer kochen und gut salzen.

BROKKOLISALAT MIT HEIDELBEEREN

Nährwerte pro Portion: 267 kcal | 13,4 g F | 15,7 g KH | 15,6 g E

Für 4 Portionen

ZUTATEN

500 g Brokkoli
125 g Heidelbeeren
150 g griechischer Joghurt
100 g saure Sahne
Weinbrandessig
Salz, Pfeffer
nach Bedarf Pudererythrit oder Flüssigsüßstoff

ZUBEREITUNG

Den Brokkoli waschen, putzen und in kochendem Wasser etwa 5–10 Minuten bissfest garen. Die Brokkoli-Röschen entfernen und in mundgerechte Stücke schneiden. Den Strunk mit einer Küchenmaschine raspeln. Die Heidelbeeren waschen.

Den Joghurt mit der sauren Sahne verrühren und mit dem Essig, Salz und Pfeffer abschmecken. Den geraspelten Brokkoli mit den Röschen und den Heidelbeeren in eine große Schüssel geben und mit dem Dressing vermischen.

Den Salat mindestens 1 Stunde durchziehen lassen, ggf. noch mal mit dem Essig, der Süße, Salz und Pfeffer abschmecken und servieren.

ASIASALAT MIT SWEET-CHILLI-SAUCE

Nährwerte pro Portion: 441 kcal | 20,2 g F | 10,3 g KH | 23,2 g E

Für 4 Portionen

ZUTATEN

FÜR DIE SWEET-CHILI-SAUCE

2–3 Chilischoten
1 Knoblauchzehe
1 TL Salz
120 g Xylit
60 ml Reisessig
200 ml Wasser
½ TL Guarkernmehl

FÜR DEN SALAT

2 Frühlingszwiebeln
1 kleine Salatgurke
250 g Rotkohl
250 g Spitzkohl
320 g Garnelen
Butterschmalz/Kokosöl zum Anbraten
500 g Konjaknudeln
100 g gehackte Erdnüsse

ZUBEREITUNG

Für die Sauce die Chilischoten waschen und putzen. Den Knoblauch schälen und mit der Chilischote klein schneiden. Beides mit den übrigen Zutaten bis auf das Guarkernmehl mit dem Wasser pürieren. Die Sauce aufkochen und etwa 5 Minuten einkochen lassen. Das Guarkernmehl einrühren und andicken lassen. Die Sauce in ein Einmachglas oder eine Flasche abfüllen und abkühlen lassen.

Für den Salat die Frühlingszwiebeln waschen, putzen und in dünne Ringe schneiden. Die Salatgurke waschen, der Länge nach vierteln, die Kerne entfernen und die Gurke in dünne, etwa 3 cm lange Stifte schneiden. Den Rotkohl und den Spitzkohl waschen, putzen und raspeln. Die Garnelen waschen und trockentupfen.

Eine Pfanne mit etwas Fett erhitzen, einen Teil der Frühlingszwiebeln, die Garnelen und die Konjaknudeln von allen Seiten anbraten, in eine große Schüssel geben und etwas abkühlen lassen.

Den Kohl, die Gurken und die übrigen Frühlingszwiebeln dazugeben. Nach Belieben mit der Sweet-Chili-Sauce vermischen, mit den Erdnüssen bestreuen und servieren.

AUBERGINEN-NUGGETS

Nährwerte pro Portion: 640 kcal | 47,0 g F | 5,4 g KH | 47,9 g E

Für 2 Portionen

ZUTATEN

1 Aubergine (ca. 300 g)
2 Eier (Größe M)
Salz, schwarzer Pfeffer aus der Mühle
200 g Parmesan
evtl. Öl oder Butter zum Braten

ZUBEREITUNG

Die Aubergine waschen, vierteln und die vier Teile jeweils in Scheiben/Stücke (etwa 0,5–1 cm dick) schneiden. Zwei tiefe Teller nebeneinanderstellen. In dem ersten Teller die Eier verquirlen und mit etwas Salz und Pfeffer würzen. In den zweiten Teller den Parmesan geben.

Die Auberginenscheiben erst in dem Ei und dann in dem Parmesan wenden. Die panierten Auberginenstücke entweder in einer Pfanne in etwas Fett ausbraten oder im vorgeheizten Backofen bei 200 °C Umluft braun und knusprig backen.

Die Auberginen-Nuggets schmecken am besten mit einem Dip oder Ketchup.

ROTKRAUTSALAT

Nährwerte pro Portion: 274 kcal | 21,7 g F | 8,6 g KH | 9,3 g E

Für 6 Portionen

ZUTATEN

1 kg Rotkohl
Salz
50 g Erythrit
Weinbrandessig
30 g Olivenöl
100 g Walnusskerne
100 g milder Ziegenkäse
125 g Heidelbeeren
½ Bund Petersilie
schwarzer Pfeffer aus der Mühle

ZUBEREITUNG

Den Rotkohl waschen, putzen, mit Salz und Erythrit würzen, mit etwas Essig und dem Öl vermischen und etwa 30 Minuten ziehen lassen. Die Walnüsse klein hacken und dazugeben.

Den Käse in kleine Würfel schneiden, die Heidelbeeren waschen und mit dem Käse in die Schüssel mit dem Rotkohlsalat geben. Die Petersilie waschen, trockentupfen, die Blättchen abzupfen, fein hacken und ebenfalls unter den Rotkrautsalat heben.

Den Salat evtl. noch mal mit etwas Essig, Salz und Erythrit abschmecken und servieren.

ZUCCHINI-PUFFER

Nährwerte pro Portion: 715 kcal | 53,1 g F | 7,6 g KH | 45,7 g E

Für 2 Portionen

ZUTATEN

400 g Zucchini
Salz
100 g Cheddar
200 g bulgarischer Büffelkäse
(alternativ: Feta)
2 Eier (Größe M)
2 EL fein gehackte Petersilie
1–2 TL Guarkernmehl
Pfeffer
Knoblauchpulver nach Geschmack
Butterschmalz

ZUBEREITUNG

Die Zucchini waschen, die Enden abschneiden, die Zucchini raspeln, mit Salz bestreuen und etwa 10 Minuten ziehen lassen. Die Zucchini so gut wie möglich ausdrücken.

Den Cheddar raspeln, den bulgarischen Büffelkäse zerkleinern und beides mit den Zucchini vermischen. Die Eier und die Petersilie dazugeben und alles gut miteinander vermengen. 1 TL Guarkernmehl hinzugeben. Wenn der Teig zu wässrig ist, noch 1 weiteren TL Guarkernmehl hinzufügen und die Mischung mit Salz, Pfeffer und dem Knoblauch würzen.

Den Teig portionsweise in dem erhitzten Fett in einer großen Pfanne von beiden Seiten goldbraun braten oder wie die Auberginen-Nuggets im Backofen zubereiten und servieren.

TIPP: Perfekt schmecken die Puffer zu einer Knoblauchsauce wie zum Beispiel Zaziki.

GEMÜSE-BACON-RING

Nährwerte pro Portion: 399 kcal | 27,9 g F | 10,3 g KH | 24,1 g E

Für 4 Portionen

ZUTATEN

800 g Zucchini
400 g Karotten
Salz
Fett für die Form
250–300 g Baconscheiben
3 Eier (Größe M)
1–2 TL Guarkernmehl
Pfeffer
Knoblauchpulver nach Geschmack
50 g Reibekäse

AUSSERDEM

Gugelhupfform

ZUBEREITUNG

Die Zucchini waschen und die Enden abschneiden. Die Karotten schälen, waschen, mit den Zucchini raspeln, salzen und etwa 10 Minuten ziehen lassen.

Die Gugelhupfform einfetten und den Bacon eng anliegend im Kreis auslegen. So, dass die Streifen zur Mitte zeigen und in etwa auf selber Höhe sind.

Die Gemüseraspel ausdrücken, bis keine Flüssigkeit mehr austritt, und mit den Eiern und 1 TL Guarkernmehl gut vermengen. Sollte die Mischung noch zu flüssig sein, einfach noch etwas mehr Guarkernmehl hinzugeben. Die Mischung mit Salz, Pfeffer und dem Knoblauch würzen.

Den Backofen auf 180 °C Umluft vorheizen. Die Gemüsemischung gleichmäßig in der Gugelhupfform verteilen, mit dem Käse bestreuen, die Baconstränge jeweils zur Mitte legen und den Gemüse-Bacon-Ring etwa 1 Stunde im vorgeheizten Backofen garen.

Den Gemüse-Bacon-Ring vor dem Servieren etwa 5 Minuten ruhen lassen, dann stürzen und servieren.

TIPP: Dazu passt ein grüner Salat.

KOHLRABI-RAGOUT

Nährwerte pro Portion: 352 kcal | 13,5 g F | 13,4 g KH | 42,0 g E

Für 4 Portionen

ZUTATEN

250 g Cherrytomaten
600 g Kohlrabi
Salz
1 Schalotte
600 g Hähnchengeschnetzeltes
1 EL Olivenöl
1 Chilischote
250 g grüne TK-Bohnen
200 g Joghurt 10 % (alternativ: Schmand)
schwarzer Pfeffer aus der Mühle
Knoblauchpulver nach Geschmack
bei Bedarf mit Oregano würzen

ZUBEREITUNG

Die Tomaten waschen und halbieren. Die Kohlrabi schälen, waschen, in mundgerechte Stücke schneiden und in kochendem Salzwasser 10 Minuten garen. Die Schalotte schälen und klein schneiden. Das Hähnchenfleisch waschen, trockentupfen und mit der Schalotte in dem erhitzten Öl anbraten.

Den Chili waschen, in dünne Ringe schneiden, ebenfalls in die Pfanne geben und alles ca. 10 Minuten garen. Die Bohnen zufügen und weitere 5 Minuten garen.

Das Ragout mit dem Joghurt verfeinern und mit Pfeffer, Salz und dem Knoblauch würzen. Die Kohlrabi dazugeben und kurz miterhitzen. Die Tomaten zufügen, bei Bedarf mit dem Oregano sowie den übrigen Gewürzen abschmecken und servieren.

KÜRBIS-SCHMAND-FLADEN

Nährwerte pro Portion: 257 kcal | 18,1 g F | 3,9 g KH | 16,1 g E

Für 8 Portionen

ZUTATEN

250 g Muskatkürbis
3 Eier (Größe M)
125 g Quark 40 %
50 g Goldleinsamenmehl
50 g Bambusfasern zzgl. etwas mehr zum Bemehlen
25 g Flohsamenschalenpulver
10 g Backpulver
Salz
100–150 ml Wasser
200 g Schmand
150 g Katenschinken
200 g Feta
1 Zweig Rosmarin

ZUBEREITUNG

Den Muskatkürbis schälen, die Kerne entfernen, den Kürbis waschen und in dünne Scheiben schneiden.

Die Eier mit dem Quark verquirlen. Das Goldleinsamenmehl mit den Bambusfasern, dem Flohsamenschalenpulver, dem Backpulver sowie etwas Salz vermischen.

Die Mehlmischung mit der Quarkmischung zu einem glatten Teig verkneten und nach und nach das Wasser dazugeben.

Den Teig zu acht Kugeln formen und am besten auf einer Silikonmatte oder auf Backpapier etwa 5 mm dick ausrollen. Zum Bemehlen Bambusfasern nehmen.

Den Backofen auf 160 °C Umluft vorheizen. Die Fladen mit dem Schmand bestreichen, mit den Kürbisstreifen belegen und den Speck darüber verteilen. Den Feta zerbröseln, die Fladen damit bestreuen und im vorgeheizten Backofen etwa 30 Minuten backen.

Den Rosmarin waschen, trockentupfen und fein schneiden. Wenn die Kürbis-Schmand-Fladen schön goldbraun sind, herausholen, mit dem Rosmarin bestreuen und servieren.

ZUCCHINI-PÄCKCHEN

Nährwerte pro Portion: 456 kcal | 31,5 g F | 17,0 g KH | 23,7 g E

Für 4 Portionen

ZUTATEN

1,5 kg kleine Zucchini
Salz, Pfeffer
Petersilie
Paprikapulver
50 ml Olivenöl
1 kg stückige Tomaten (Konserve)
Knoblauch
½ Bund Basilikum
100–200 g Baconscheiben
125 g Mozzarella
4 Blätter Salbei

AUSSERDEM

große Auflaufform

ZUBEREITUNG

Die Zucchini waschen, der Länge nach halbieren, vierteln und achteln, sodass Stäbchen entstehen. Die Zucchini-Stäbchen in eine Schüssel geben und mit jeweils 1 TL Salz, Pfeffer, der Petersilie und dem Paprikapulver bestreuen. Das Olivenöl darübergießen, alles miteinander vermischen und etwa 10–20 Minuten ziehen lassen.

Für die Sauce die Tomaten mit Salz, Pfeffer und dem Knoblauch würzen. Das Basilikum waschen, trockentupfen, die Blättchen abzupfen, fein hacken, in die Sauce geben und in der Auflaufform verteilen.

Jeweils vier bis sechs Zucchini-Stäbchen zusammennehmen, mit einer Scheibe Bacon umwickeln und auf die Sauce legen. Den Mozzarella in kleine Würfel schneiden, darauf verteilen und mit den Salbeiblättchen garnieren. Den Backofen auf 180 °C Umluft vorheizen.

Die Zucchini-Päckchen im vorgeheizten Backofen etwa 25–30 Minuten backen und servieren.

GRÜNER SPARGEL IM FALSCHEN BLÄTTERTEIG

Nährwerte pro Päckchen: 398 kcal | 36,6 g F | 4,3 g KH | 12,5 g E

Für 8 Spargelpäckchen

ZUTATEN

250 g weiche Butter
250 g Quark 40 %
30 g Flohsamenschalenpulver
50 g Mandelmehl
20 g Bambusfasern
Salz
1 kg grüner Spargel
3–4 EL Olivenöl
8 Scheiben Kochschinken
1 Eigelb

ZUBEREITUNG

Die Butter mit dem Quark verrühren. Das Flohsamenschalenpulver, das Goldleinsamenmehl, die Bambusfasern und 1 TL Salz vermischen.

Die Mehlmischung mit der Butter-Quark-Masse zu einem glatten Teig verkneten, in Folie wickeln und etwa 30 Minuten kalt stellen.

Den Spargel waschen, die unteren Enden entfernen und ggf. das untere Drittel schälen. Den Spargel mit dem Olivenöl bestreichen und salzen.

Ein Backblech mit Backpapier belegen. Den Spargel in acht Portionen aufteilen und jeweils mit einer Scheibe Kochschinken umwickeln. Den Teig in acht gleich große Stücke aufteilen und zu dünnen Würsten ausrollen. Jeweils ein Spargelpäckchen mit dem Teig umwickeln und auf das vorbereitete Backblech legen. Den Backofen auf 180 °C Umluft vorheizen.

Den Blätterteig mit dem Eigelb bestreichen, im vorgeheizten Backofen etwa 25–30 Minuten backen und servieren.

TIPP: Der grüne Spargel im falschen Blätterteig kann sowohl warm als auch kalt serviert werden. Dazu passt ein grüner Salat.

GEFÜLLTE MINI-PAPRIKA MIT RICOTTA UND TOMATE

Nährwerte pro Portion: 624 kcal | 41,0 g F | 22,4 g KH | 38,8 g E

Für 2 Portionen

ZUTATEN

400 g stückige Tomaten (Konserve)
1 EL Oregano, gerebelt
Knoblauchpulver
Salz, Pfeffer
½ Bund Petersilie
200 g Feta
250 g Ricotta
300 g Mini-Paprika
50 g Reibekäse

ZUBEREITUNG

Die stückigen Tomaten mit dem Oregano, dem Knoblauchpulver, Salz und Pfeffer würzen. Die Petersilie waschen, trockentupfen, die Blättchen abzupfen und fein hacken.

Den Feta zerbröseln, mit dem Ricotta und der Petersilie vermischen und nach Belieben mit Salz und Pfeffer würzen. Die Mini-Paprika halbieren, entkernen, waschen und mit der Ricotta-Mischung füllen.

Den Backofen auf 180 °C Umluft vorheizen. Die Tomatenmischung in einer Auflaufform verteilen und die gefüllten Mini-Paprika darauflegen. Mit dem Käse bestreuen, 20–30 Minuten im vorgeheizten Backofen backen und servieren.

BROKKOLI & CHEESE

Nährwerte pro Portion: 490 kcal | 39,7 g F | 7,5 g KH | 22,2 g E

Für 4 Portionen

ZUTATEN

1 kg Brokkoli
1 Zwiebel
20 g Butter
250 g Sahne
200 g geriebener Cheddar
Salz, Pfeffer
Paprikapulver

ZUBEREITUNG

Den Brokkoli waschen und in kleine mundgerechte Stücke schneiden. Die Zwiebel schälen und zerkleinern. Die Butter in einer großen Pfanne erhitzen und die Zwiebel darin goldbraun anbraten.

Den Brokkoli dazugeben und von allen Seiten anschwitzen. Anschließend das Gemüse mit der Sahne ablöschen. Den Käse dazugeben, unter Rühren schmelzen lassen und bei Bedarf etwas Wasser angießen.

Alles mit Salz, Pfeffer und Paprikapulver abschmecken und servieren.

TIPP: Das Gericht schmeckt auch mit Blumenkohl, Rosenkohl oder Zucchini-Stückchen.

RINDERCURRY

Nährwerte pro Portion: 554 kcal | 29,2 g F | 11,5 g KH | 59,6 g E

Für 4 Portionen

ZUTATEN

1 Zwiebel
2 Knoblauchzehen
1 EL Butterschmalz oder Kokosöl
1 kg Rindergulasch
400 g stückige Tomaten (Konserve)
1 TL Ingwerpulver
1 Msp. Kurkuma, gemahlen
1–2 Chilischoten
1 Bund Koriander
400 ml Kokosmilch
2 Paprikaschoten
Salz, Pfeffer
Cayennepfeffer

ZUBEREITUNG

Die Zwiebel und den Knoblauch schälen und zerkleinern. In einer hohen Pfanne oder einem Wok das Butterschmalz oder das Kokosöl erhitzen. Die Zwiebel- und die Knoblauchstücke dazugeben und anschwitzen.

Den Rindergulasch trockentupfen, dazugeben und scharf anbraten. Mit den Tomaten ablöschen und köcheln lassen. Den Ingwer und das Kurkuma zufügen. Die Chilischoten und den Koriander waschen, beides zerkleinern und zu dem Curry geben. Die Kokosmilch angießen, aufkochen und das Curry mindestens 1 Stunde auf mittlerer Hitze garen.

Die Paprikaschote halbieren, die Kerne und die Stege entfernen, die Paprika waschen, in mundgerechte Stücke schneiden, zu dem Curry geben, mit Salz, Pfeffer und dem Cayennepfeffer abschmecken und servieren.

TIPP: Dazu passt am besten Blumenkohlreis (siehe Seite 55)

KÜRBIS-PILZ-EINTOPF

Nährwerte pro Portion: 487 kcal | 25,8 g F | 9,4 g KH | 53,8 g E

Für 4 Portionen

ZUTATEN

1 Zwiebel
1–2 Knoblauchzehen
300 g Champignons
1 TL Butterschmalz
800 g Hähnchengeschnetzeltes
1 l Brühe
350 g Kürbismus (zum Beispiel Butternut oder Muskatkürbis)
200 g Schmand
100 g Blattspinat
Salz, Pfeffer
1 TL getrocknete Petersilie
1 TL Paprikapulver
Muskatnuss, gemahlen
nach Belieben Walnusskerne

ZUBEREITUNG

Die Zwiebel und den Knoblauch schälen und zerkleinern. Die Pilze säubern und in dünne Scheiben schneiden. In einem Bräter oder einem großen Topf das Butterschmalz erhitzen. Das Hähnchengeschnetzelte waschen, trockentupfen, dazugeben, von allen Seiten scharf anbraten und herausnehmen.

Die Zwiebel- und Knoblauchstücke in das verbliebene Bratfett des Hähnchengeschnetzelten geben und ebenfalls anbraten. Die Pilze zufügen und von allen Seiten scharf anbraten. Mit der Brühe ablöschen, das Kürbismus zugeben, aufkochen und so lange kochen lassen, bis der Eintopf sämiger wird.

Das Fleisch wieder dazugeben und den Eintopf mit dem Schmand verfeinern. Den Spinat waschen, putzen und etwa 5 Minuten vor dem Servieren dazugeben.

Den Eintopf mit Salz, Pfeffer, dem Paprikapulver und dem Muskat abschmecken und servieren. Nach Belieben die Walnüsse hacken und den Kürbis-Eintopf damit bestreuen.

QUICHE LORRAINE

Nährwerte pro Portion: 352 kcal | 29,9 g F | 2,8 g KH | 14,6 g E

Für 10 Portionen

ZUTATEN

FÜR DEN MÜRBETEIG

100 g Goldleinsamenmehl
30 g Bambusfasern
20 g Flohsamenschalenpulver
½ TL Salz
3 Eier (Größe M)
125 g weiche Butter zzgl. etwas mehr für die Form

FÜR DIE FÜLLUNG

1 Stange Lauch
1 Zwiebel
150 g Speckwürfel
5 Eier (Größe M)
100 g Sahne
100 g Reibekäse
Salz, Pfeffer

ZUBEREITUNG

Für den Mürbeteig das Goldleinsamenmehl mit den Bambusfasern und dem Flohsamenschalenpulver sowie dem Salz vermischen. Die Eier mit der Butter verquirlen, die Mehlmischung dazugeben und zu einem glatten Teig verkneten. Falls nötig, etwas Wasser dazugeben.

Den Backofen auf 180 °C Umluft vorheizen und eine Tarteform (Ø 25 cm) einfetten. Den Boden und Rand der Form mit dem Teig auslegen, mit einer Gabel mehrfach einstechen und im vorgeheizten Backofen etwa 10 Minuten vorbacken.

Für die Füllung den Lauch putzen, waschen und in dünne Ringe schneiden. Die Zwiebel schälen, klein schneiden, mit dem Speck anbraten und den Lauch dazugeben.

Die Eier mit der Sahne verquirlen. Die Lauchmischung und den Käse dazugeben und nach Bedarf mit Salz und Pfeffer würzen. Die Mischung auf den vorgebackenen Boden gießen und im Backofen etwa 40 Minuten backen, bis die Quiche goldbraun ist.

Die Quiche in Stücke schneiden und servieren.

BRATRADIESCHEN

Nährwerte pro Portion: 261 kcal | 19,6 g F | 6,6 g KH | 12,2 g E

Für 4 Portionen

ZUTATEN

1 kg Radieschen, ohne Grün
1 Zwiebel
1 Knoblauchzehe
250 g Bauchspeck
1–2 EL Butterschmalz
½ Bund Petersilie
Salz, schwarzer Pfeffer aus der Mühle

ZUBEREITUNG

Die Radieschen waschen, trockentupfen, die grünen Enden abschneiden und die Radieschen in dünne Scheiben schneiden. Die Zwiebel und den Knoblauch schälen und zerkleinern. Den Bauchspeck würfeln.

Eine große Pfanne mit etwas Butterschmalz erhitzen, den Bauchspeck dazugeben, von allen Seiten scharf anbraten und herausnehmen.

Die Zwiebel- und die Knoblauchstücke in dem verbliebenen Bratfett goldbraun anschwitzen. Die Radieschen dazugeben und scharf anbraten. Nach Belieben noch etwas Butterschmalz dazugeben. Die Radieschen sollten gut angeröstet sein.

Die Petersilie waschen, trockentupfen, die Blättchen abzupfen, klein hacken, mit dem Bauchspeck wieder zu den Radieschen geben und mit Salz und Pfeffer abschmecken.

TIPP: Die Bratradieschen können pur, mit Spiegelei oder mit einem Stück Fleisch serviert werden.

PIZZA MIT CHIASAMEN

Nährwerte pro Portion (ohne Belag): 349 kcal | 19,8 g F | 5,0 g KH | 18,9 g E

Für 4 Portionen

ZUTATEN

30 g gemahlene Chiasamen
30 g Flohsamenschalen
100 g Mandelmehl
70 g Kokosmehl
50 g Goldleinsamenmehl
700 ml heißes Wasser
2 EL Olivenöl
1–2 TL Salz
etwas Oregano, gerebelt
400 g passierte Tomaten
Salz, schwarzer Pfeffer aus der Mühle
Knoblauch

ZUBEREITUNG

Die Chiasamen, die Flohsamenschalen, das Mandelmehl, das Kokosmehl und das Goldleinsamenmehl vermischen. Das Wasser, das Olivenöl, das Salz und etwas Oregano zu der Mehlmischung geben und zu einem klebrigen Teig gut verrühren. Den Teig in zwei oder vier Portionen aufteilen und auf Backpapier ausrollen.

Den Backofen auf 180 °C Umluft vorheizen. Die passierten Tomaten mit den Gewürzen vermischen und auf dem ausgerollten Boden verteilen. Die Pizzen nach Bedarf belegen, etwa 20 Minuten im vorgeheizten Backofen backen und servieren.

TIPP: Beim Belag kann der Kreativität freien Lauf gelassen werden: zum Beispiel machen sich Spinat, Pilze und frische Tomaten sehr gut auf der Pizza.

KNUSPRIGE ENTE MIT SÜSSSAURER SAUCE

Nährwerte pro Portion: 580 kcal | 28,6 g F | 17,8 g KH | 41,7 g E

Für 4 Portionen

ZUTATEN

2–3 Chilischoten
1 Knoblauchzehe
500 ml Wasser
120 g Erythrit
60 ml Reisessig
1 TL Salz
½ TL Guarkernmehl
½ rote Paprikaschote
1 grüne Paprikaschote
100 g Karotte
180 g Bambussprossen (Glas)
190 g Mungobohnensprossen (Glas)
200 g Ananas (Konserve)

ZUBEREITUNG

Die Chilischoten waschen, den Knoblauch schälen, beides zerkleinern und mit dem Wasser, dem Erythrit und dem Essig in einem Wok aufkochen. Die Sauce pürieren, das Salz und das Guarkernmehl hinzugeben und alles auf kleiner Hitze weiterköcheln lassen.

Den Backofen auf 130 °C Umluft vorheizen. Die Entenbrüste waschen, trockentupfen, vorsichtig etwa 1,5 cm große Rauten in die Haut ein-, diese aber nicht durchschneiden und in einer backofengeeigneten Pfanne erst auf der Hautseite langsam anbraten, bis das Fett austritt und die Entenbrust schön braun ist. Anschließend die Seiten und auf der Unterseite etwa 2 Minuten anbraten.

Die Pfanne mit der Entenbrust im vorgeheizten Backofen etwa 30 Minuten garen, dabei immer wieder mit etwas Sweet-Chili-Sauce aus dem Wok bestreichen.

Die Paprika halbieren, die Kerne und die Stege entfernen, die Paprika waschen und würfeln. Die Karotte schälen, waschen, in dünne Scheiben schneiden und mit der Paprika zu der übrigen Sauce in den Wok geben. Die Bambussprossen, die Mungobohnensprossen und die Ananas abtropfen lassen, ebenfalls in den Wok geben und miterhitzen. Evtl. noch etwas Wasser zufügen. Das Wok-Gemüse mit dem Essig, Salz und dem Erythrit noch mal abschmecken und zu der Entenbrust servieren.

TIPP: Dazu passt Blumenkohlreis (siehe Seite 55).

LANGOS

Nährwerte pro Portion: 395 kcal | 34,4 g F | 4,3 g KH | 11,7 g E

Für 6–8 Stück

ZUTATEN

3 Eier (Größe M)
125 g Quark 40 %
50 g Bambusfasern
20 g Kokosmehl
35 g Leinmehl
½ Päckchen Trockenhefe
30 g Flohsamenschalenpulver
1 TL Salz
150 ml lauwarmes Wasser

FÜR DIE KNOBLAUCHSAUCE

200 g Schmand
200 g griechischer Joghurt
2 EL gehackte Petersilie
Salz, Pfeffer
Knoblauchpulver
1,5–2 l Fett zum Frittieren
bei Bedarf geriebener Käse

ZUBEREITUNG

Die Eier und den Quark verquirlen. Die Bambusfasern, das Kokosmehl, das Leinmehl, die Trockenhefe, das Flohsamenschalenpulver und Salz vermischen.

Die Eiermischung mit der Quarkmischung sowie dem Wasser zu einem glatten Teig verkneten und abgedeckt an einem warmen Ort etwa 1–1 ½ Stunden gehen lassen.

Für die Knoblauchsauce den Schmand, den Joghurt und die Petersilie verrühren und mit Salz, Pfeffer und dem Knoblauchpulver abschmecken. Die Knoblauchsauce kalt stellen, bis die Langos fertig sind.

Nachdem der Teig gegangen ist, diesen noch mal kurz durchkneten, in sechs bis acht gleich große Kugeln formen und diese etwa 1 cm dick zu Teigfladen ausrollen.

Das Fett zum Frittieren in einen Topf mit mindestens 3 l Fassungsvermögen geben. Wichtig ist, dass er breiter als die Fladen ist. Das Fett auf etwa 160 °C erhitzen, die Fladen von beiden Seiten jeweils 2–3 Minuten ausbacken und auf Küchenpapier abtropfen lassen.

Die Langos mit der Knoblauchsauce bestreichen, nach Wunsch mit dem Käse bestreuen und servieren.

GYROS IN METAXASAUCE

Nährwerte pro Portion: 527 kcal | 32,5 g F | 11,8 g KH | 31,7 g E

Für 4 Portionen

ZUTATEN

1 Zwiebel
2 Knoblauchzehen
Fett zum Anbraten
500 g Schweinegeschnetzeltes, nach Gyros-Art gewürzt
2 Paprikaschoten
1 Chilischote
Salz, Pfeffer
Oregano, gerebelt
50 ml Metaxa oder anderer Weinbrand
500 g passierte Tomaten (Konserve)
200 g Frischkäse oder Schmand
Reibekäse

ZUBEREITUNG

Die Zwiebel und den Knoblauch schälen, zerkleinern und in dem erhitzten Fett in einer Pfanne anschwitzen. Das Fleisch dazugeben und von allen Seiten scharf anbraten.

Die Paprika halbieren, die Kerne und die Stege entfernen, die Paprika waschen und in kleine Würfel schneiden. Den Chili waschen, in dünne Ringe schneiden, mit der Paprika zu der Fleischmischung geben, anschwitzen und mit Salz, Pfeffer und Oregano würzen.

Den Backofen auf 180 °C Umluft vorheizen. Das Geschnetzelte mit dem Metaxa ablöschen. Die passierten Tomaten mit dem Frischkäse oder dem Schmand verquirlen, mit Salz und Pfeffer würzen, zu dem Geschnetzelten geben und miterhitzen. Das Gyros in der Metaxasauce abschmecken, in eine Auflaufform geben, mit dem Reibekäse bestreuen, im vorgeheizten Backofen etwa 30 Minuten überbacken und servieren.

Während der Garzeit kann die Beilage zubereitet werden.

TIPP: Dazu passt Blumenkohlreis (siehe Seite 55).

SPITZKOHL-SPINAT-AUFLAUF

Nährwerte pro Portion: 446 kcal | 33,7 g F | 14,2 g KH | 18,8 g E

Für 4 Portionen

ZUTATEN

450 g TK-Rahmspinat (ohne Zuckerzusatz und Stärke)
600 g Spitzkohl
1 Zwiebel
1 Knoblauchzehe
Fett zum Anbraten
½ TL Kümmel
Salz, Pfeffer
150 g Kochschinken
250 g Cherrytomaten
2 Eier (Größe M)
200 g Sahne
50 g Reibekäse

ZUBEREITUNG

Den Spinat auftauen lassen. Den Spitzkohl waschen, putzen und in dünne Streifen schneiden. Die Zwiebel, den Knoblauch schälen, zerkleinern und in dem erhitzten Fett anschwitzen. Den Spitzkohl dazugeben und von allen Seiten anbraten.

Den Spinat dazugeben, mit dem Kümmel, Salz und Pfeffer würzen und köcheln lassen. Den Schinken klein schneiden und ebenfalls zu der Spitzkohlmischung geben. Die Tomaten waschen und halbieren.

Den Backofen auf 180 °C Umluft vorheizen. Die Eier mit der Sahne verquirlen. Die Pfanne vom Herd nehmen, die Eiermischung unterheben und in einer Auflaufform verteilen. Die Tomaten darauflegen, mit dem Käse bestreuen, im vorgeheizten Backofen etwa 30 Minuten backen und servieren.

LOW-CARB-LASAGNE

Nährwerte pro Portion: 684 kcal | 52,2 g F | 19,6 g KH | 29,9 g E

Für 4 Portionen

ZUTATEN

1 kleine Zwiebel
etwas Olivenöl für die Pfanne
500 g Hackfleisch
Salz, Pfeffer
bei Bedarf 1 Chilischote
500 g passierte Tomaten (Konserve)
Oregano, gerebelt
Knoblauch
Basilikum, gerebelt
1 Paprikaschote
1 mittelgroße Karotte
800 g gegarte Weißkohlblätter, ohne Strunk
50 g Butter
250 g Sahne oder Milch
1 TL Guarkernmehl
Muskatnuss nach Geschmack
50 g geriebener Käse

ZUBEREITUNG

Die Zwiebel schälen, würfeln und in dem erhitzten Öl glasig anschwitzen. Das Hackfleisch dazugeben, gut anbraten und mit Salz und Pfeffer würzen. Bei Bedarf den Chili waschen, in Scheiben schneiden, mit den passierten Tomaten zufügen und mit dem Oregano, dem Knoblauch und dem Basilikum würzen und köcheln lassen.

Die Paprika halbieren, die Kerne und die Stege entfernen, die Schote waschen und in Streifen schneiden. Die Karotte schälen, waschen, klein schneiden und mit der Paprika ebenfalls in die Pfanne geben. Die Sauce abschmecken.

Eine ausreichend große Auflaufform am Boden mit einem Teil der Weißkohlblätter auslegen und die Hälfte der Hackfleischsauce darauf verteilen. Darauf kommt wieder Weißkohl und die restliche Hackfleischsauce sowie der übrige Weißkohl.

Für die Bechamelsauce die Butter schmelzen, die Sahne oder die Milch angießen, erhitzen und das Guarkernmehl schnell und gleichmäßig unterrühren. Wenn die Sauce andickt, mit dem Muskat, Salz und Pfeffer abschmecken.

Den Backofen auf 180 °C Umluft vorheizen. Die Bechamelsauce gleichmäßig auf der Lasagne verteilen und mit dem Käse bestreuen. Noch mit etwas Oregano, Salz und Pfeffer würzen, im vorgeheizten Backofen etwa 30 Minuten garen und servieren.

Wenn der Käse schön zerlaufen ist und eine Kruste hat, ist die Lasagne fertig.

NÜRNBERGER WEISSKOHL-GRATIN

Nährwerte pro Portion: 636 kcal | 54,2 g F | 14,1 g KH | 21,1 g E

Für 4 Portionen

ZUTATEN

1 Zwiebel
600–700 g Weißkohl ohne Strunk
2 mittlere Karotten
Fett zum Anbraten
Salz
1 EL Kümmel, gemahlen
1 EL Paprikapulver
300 g Nürnberger Würstchen
400 g Schmand
2 Eier (Größe M)
Petersilie
Pfeffer
geriebener Emmentaler zum Bestreuen

ZUBEREITUNG

Die Zwiebel schälen und würfeln. Den Weißkohl waschen und in dünne Streifen schneiden. Die Karotten schälen, waschen und in kleine Würfel schneiden.

Die Zwiebel in etwas erhitztem Fett goldbraun anbraten. Den Weißkohl und die Karotten dazugeben, anschwitzen, mit Salz und dem Kümmel würzen und abgedeckt etwa 10 Minuten bei mittlerer Hitze garen. Das Paprikagewürz dazugeben und gut umrühren.

Die Nürnberger Würstchen in einer separaten Pfanne leicht von allen Seiten anbraten. Den Schmand mit den Eiern verquirlen und mit Salz und der Petersilie würzen. Das Gemüse mit Salz und Pfeffer abschmecken.

Den Backofen auf 180 °C Umluft vorheizen. Die Gemüsemischung in eine ausreichend große Auflaufform geben, mit der Eier-Schmand-Mischung übergießen, mit dem Käse bestreuen und mit den Nürnbergern belegen.

Das Nürnberger Weißkohl-Gratin im vorgeheizten Backofen etwa 30 Minuten backen und servieren.

LOW-CARB-GNOCCHI IN SPINATSAUCE

Nährwerte pro Portion: 595 kcal | 46,1 g F | 15,1 g KH | 18,0 g E

Für 4 Portionen

ZUTATEN

350 g Kürbismus (Butternut, Muskat, Hokkaido)
2 Eier (Größe M)
250 g Quark 40 %
1 TL Salz
35–40 g Konjakmehl
10 g Flohsamenschalenpulver
Muskatnuss, gemahlen

FÜR DIE SPINATSAUCE

Butterschmalz
1 Zwiebel
1 Knoblauchzehe
200 ml Weißwein
300 g Sahne
100 g Frischkäse
500 g TK-Blattspinat
Salz, Pfeffer
Muskatnuss, gemahlen
Petersilie

ZUBEREITUNG

Das Kürbismus mit den Eiern, dem Quark und dem Salz verquirlen. Das Konjakmehl mit dem Flohsamenschalenpulver vermischen, nach Belieben mit etwas Muskatnuss dazugeben und alles zu einem glatten, gut formbaren und erst mal fest wirkenden Teig verarbeiten.

Den Teig vierteln, die Stücke jeweils zu etwa 2 cm dicken Rollen formen, alle 2 cm abschneiden und entweder in der »Kissenform« belassen oder zu kleinen Kugeln formen. Egal welche Form, diese dann mit einer Gabel etwas eindrücken.

Anschließend einen Topf mit Wasser zum Kochen bringen, die Temperatur herunterdrehen, die Low-Carb-Gnocchi in das nicht mehr kochende Wasser geben und so lange garen, bis die Gnocchi alle wieder oben schwimmen.

Fast gleichzeitig eine große, gut beschichtete Pfanne mit etwas Butterschmalz erhitzen. Die Kürbis-Gnocchi mit einer Schaumkelle herausholen, direkt in die heiße Pfanne geben, von allen Seiten scharf anbraten und wieder herausnehmen.

Die Zwiebel und den Knoblauch schälen, fein hacken, in das verbliebene Bratfett der Gnocchi geben und von allen Seiten anbraten. Mit Weißwein ablöschen, die Sahne und den Frischkäse dazugeben und die Sauce auf mittlerer Hitze einreduzieren lassen, bis diese eine sämige Konsistenz hat. Den Spinat zufügen und unter Rühren vorsichtig auftauen lassen. Die Spinatsauce mit Salz, Pfeffer, dem Muskat und der Petersilie abschmecken.

Die Low-Carb-Gnocchi dazugeben, in der Spinatsauce schwenken und servieren.

ROSENKOHL-AUFLAUF MIT SCHINKEN UND SAHNE

Nährwerte pro Portion: 553 kcal | 40,9 g F | 12,7 g KH | 27,0 g E

Für 4 Portionen

ZUTATEN

1 kg Rosenkohl
1 Zwiebel
1 Knoblauchzehe
Fett zum Anbraten
400 g Sahne
Salz, Pfeffer
200 g gekochter Schinken
1 TL Konjakmehl oder Guarkernmehl
50 g Reibekäse

ZUBEREITUNG

Den Rosenkohl waschen, putzen, über einem heißen Wasserbad bissfest garen und nach Belieben halbieren. Die Zwiebel und den Knoblauch schälen, zerkleinern und in etwas erhitztem Fett in einer Pfanne anbraten.

Den Rosenkohl dazugeben, von allen Seiten anrösten, mit der Sahne ablöschen, mit Salz und Pfeffer würzen und kurze Zeit köcheln lassen.

Den Schinken in kleine Stücke schneiden, vorsichtig untermischen und noch mal mit Salz und Pfeffer abschmecken. Bei Bedarf mit Konjakmehl oder Guarkernmehl andicken.

Den Backofen auf 180 °C Umluft vorheizen. Die Rosenkohl-Mischung in eine Auflaufform geben, mit dem Käse bestreuen, im vorgeheizten Backofen 20–30 Minuten backen, bis der Käse schön braun ist, und servieren.

WEISSKOHLCURRY

Nährwerte pro Portion: 463 kcal | 34,8 g F | 20,4 g KH | 13,1 g E

Für 4 Portionen

ZUTATEN

1 kg Weißkohl
1 mittelgroße Karotte
1 grüne Paprikaschote
1 gelbe Paprikaschote
1 Zwiebel
2 Knoblauchzehen
1 Chilischote
Fett zum Anbraten
400 ml Kokosmilch
2 EL Currypulver
1 EL Kümmel, gemahlen
1 EL Paprikapulver
Salz, Pfeffer

ZUBEREITUNG

Den Weißkohl putzen, waschen und in dünne Streifen schneiden. Die Karotte schälen, waschen und in dünne Scheiben schneiden. Die Paprikaschoten halbieren, die Kerne und die Stege entfernen, die Paprika waschen und würfeln.

Die Zwiebel und den Knoblauch schälen und zerkleinern. Die Chilischote waschen und in dünne Ringe schneiden. Die Zwiebel- und die Knoblauchstücke in etwas erhitztem Fett anschwitzen. Den Weißkohl dazugeben und von allen Seiten anbraten. Mit der Kokosmilch ablöschen. Die Gewürze und das restliche Gemüse dazugeben. Alles köcheln lassen und ggf. etwas Wasser angießen.

Das Weißkohlcurry mit Salz und Pfeffer abschmecken, nach Belieben noch Chilipulver dazugeben und servieren.

SAARLÄNDISCHE GEFÜLLTE (KLÖSSE) MIT SAHNESAUCE

Nährwerte pro Portion: 661 kcal | 46,9 g F | 11,2 g KH | 33,6 g E

Für 4 Portionen

ZUTATEN

1 kg TK-Blumenkohl
2 Eier (Größe M)
250 g Quark 40 %
30 g Flohsamenschalenpulver
50 g Kartoffelfasern
60 g Zitrusfasern
Salz, schwarzer Pfeffer aus der Mühle
300 g Leberwurst
1 Zwiebel
1 Knoblauchzehe
100 g Baconwürfel
200 g Sahne

ZUBEREITUNG

Den Blumenkohl auftauen lassen. Dann mit einem Pürierstab zu Brei verarbeiten. Das Wasser abgießen und den Blumenkohl mit den Eiern und dem Quark verquirlen. Das Flohsamenschalenpulver, die Kartoffelfasern und die Zitrusfasern unterkneten und die Mischung mit Salz und Pfeffer abschmecken.

Die Blumenkohlmischung in acht Portionen aufteilen, diese etwas flacher drücken, mit der Leberwurst füllen, zu gleichmäßigen Knödeln zusammenrollen und verschließen. Einen großen Topf mit Salzwasser zum Kochen bringen. Dann den Herd ausschalten und die Klöße im heißen Wasser 15–20 Minuten sieden lassen. Wenn sie nach oben kommen, sind sie fertig.

Die Zwiebel und den Knoblauch schälen und zerkleinern. Eine Pfanne erhitzen und den Speck von allen Seiten anbraten. Die Zwiebel- und die Knoblauchstücke dazugeben, goldbraun anschwitzen und mit der Sahne und 300 ml Wasser ablöschen. Die Sauce mit Salz und Pfeffer abschmecken, etwas einkochen lassen und zu den Gefüllten servieren.

ZUCCHINI-FRITTATA

Nährwerte pro Portion: 503 kcal | 39,2 g F | 9,6 g KH | 27,3 g E

Für 4 Portionen

ZUTATEN

1 kg Zucchini
Salz
1 Schalotte
200 g Feta
1 Knoblauchzehe
8 Eier (Größe M)
200 g Schmand
Pfeffer
Olivenöl
2 EL Petersilie

ZUBEREITUNG

Die Zucchini waschen, trockentupfen, raspeln, salzen und etwa 10 Minuten stehen lassen. Die Schalotte schälen und mit dem Feta in kleine Würfel schneiden. Den Knoblauch schälen und zerkleinern. Die Eier mit dem Schmand verquirlen und mit Salz und Pfeffer würzen.

Die Zucchini-Raspel gut ausdrücken, bis kein Wasser mehr entweicht. Die Schalotten- und die Knoblauchstücke in dem erhitzten Öl in einer backofengeeigneten Pfanne glasig anschwitzen. Die Zucchini dazugeben und gut anbraten.

Den Backofen auf 180 °C Umluft vorheizen. Die Eier-Schmand-Masse mit der Petersilie verrühren und angießen. Den Feta darüberstreuen und die Frittata im vorgeheizten Backofen stocken lassen. Wenn die Zucchini-Frittata gestockt und der Käse leicht braun ist, kann die Frittata serviert werden.

TIPP: Die Zucchini-Frittata kann warm und kalt genossen werden. Wer möchte, kann sie auch in kleine Stücke schneiden und als Häppchen servieren. Dazu passt ein frischer Salat.

CURRYWURST MIT SCHWARZWURZEL-FRIES

Nährwerte pro Portion: 619 kcal | 42,0 g F | 17,0 g KH | 21,1 g E

Für 4 Portionen

ZUTATEN

FÜR DIE CURRYWURST

1 Zwiebel
2 Knoblauchzehen
3 Orangen
3–4 Chilischoten
1 EL Butterschmalz
400 g stückige Tomaten (Konserve)
50–100 ml Apfelessig
100 g Erythrit Bronze
1 EL Paprikapulver
2 EL Currypulver
Salz
bei Bedarf Konjakmehl
4 Bockwürstchen

FÜR DIE SCHWARZWURZEL-FRIES

1 kg frische Schwarzwurzeln
Olivenöl
Salz/Paprika oder Pommesgewürz

AUSSERDEM

Gummihandschuhe

ZUBEREITUNG

Für die Currysauce die Zwiebel und den Knoblauch schälen und klein hacken.

Die Orangen halbieren und den Saft auspressen. Den Saft und auch das Fruchtfleisch auffangen. Den Chili waschen und in dünne Ringe schneiden.

Einen Topf mit dem Butterschmalz erhitzen und die Zwiebel- und Knoblauchstücke darin anschwitzen. Den Orangensaft und die Tomaten dazugeben und mit 50 ml Apfelessig ablöschen. Nach und nach das Erythrit, die Chilischoten und das Paprikapulver dazugeben.

Anschließend etwa 1 l Wasser angießen, 1–2 EL Currypulver unterrühren und etwa 20 Minuten auf mittlerer Hitze köcheln lassen. Falls die Sauce zu dick ist, etwas mehr Wasser dazugeben. Die Schärfe und die Säure soll hier gut durchziehen.

Die Sauce pürieren und mit Salz, weiterem Currypulver, noch etwas Apfelessig und dem Erythrit nach Belieben abschmecken.

Wenn die Currysauce für den persönlichen Geschmack zu dünn ist, mit etwas Konjakmehl andicken.

Während des Köchelns der Sauce die Schwarzwurzel-Fries zubereiten. Zuerst die Gummihandschuhe anziehen, da die Schwarzwurzeln stark abfärben. Dann die Schwarzwurzeln schälen. Wenn die Schale entfernt wurde, die Schwarzwurzeln einmal kurz abwaschen und in Streifen schneiden. Die rohen Schwarzwurzel-Pommes auf einem mit Backpapier ausgelegten Backblech verteilen.

Den Backofen auf 150 °C Umluft vorheizen. Etwas Olivenöl mit dem Salz/Paprika oder Pommesgewürz verrühren, die Pommes damit vermischen und im vorgeheizten Backofen 30 bis 40 Minuten garen, dabei zwischendurch wenden.

Die Würstchen von allen Seiten anbraten, dann in Scheiben schneiden und mit den Schwarzwurzeln auf Tellern anrichten. Mit der Currysauce übergießen, mit weiterem Currypulver nach Geschmack bestreuen und servieren.

PAPRIKAEINTOPF MIT METTWURST

Nährwerte pro Portion: 472 kcal | 35,4 g F | 15,8 g KH | 17,3 g E

Für 4 Portionen

ZUTATEN

1 Zwiebel
2 Knoblauchzehe
4 Paprikaschoten
300 g Karotten
300 g Mettenden
1 EL Butterschmalz
400 g stückige Tomaten (Konserve)
250 g passierte Tomaten (Konserve)
Salz, Pfeffer
Oregano, gerebelt
200 g Schmand

ZUBEREITUNG

Die Zwiebel und den Knoblauch schälen und zerkleinern. Die Paprika waschen, halbieren, die Kerne und die Stege entfernen und die Paprika in kleine Würfel schneiden. Die Karotten schälen, waschen und in Scheiben schneiden. Die Mettwurst ebenfalls in Scheiben schneiden.

Die Zwiebel und den Knoblauchzehen in dem erhitzten Butterschmalz anschwitzen. Die Wurstscheiben zugeben und anbraten. Die Tomaten mit den Paprika- und den Karottenstücken dazugeben. 1–2 Liter Wasser angießen, mit Salz, Pfeffer und dem Oregano würzen und abgedeckt etwa 10 Minuten köcheln lassen. Falls nötig noch etwas Wasser angießen.

Den Eintopf mit dem Schmand verfeinern, mit den Gewürzen abschmecken und servieren.

LOW-CARB-HOTDOGS

Nährwerte pro Stück: 306 kcal | 21,5 g F | 3,6 g KH | 19,4 g E

Für 10 Stück

ZUTATEN

FÜR DIE BRÖTCHEN

6 Eier (Größe M)
250 g Quark 40 %
100 g Bambusfasern
100 g Mandelmehl, weiß (entölt)
50 g Flohsamenschalenpulver
15 g Backpulver
Salz
100 g Sahne
100–200 ml Wasser

FÜR DIE FÜLLUNG

10 Wiener Würstchen
100–150 g Essiggurken (möglichst ohne Zuckerzusatz)
100–200 g Sauerkraut, abgetropft
Schweinekrusten
scharfer Senf
LC-Ketchup

ZUBEREITUNG

Für die Brötchen die Eier mit dem Quark verquirlen. Die Bambusfasern, das Mandelmehl und das Flohsamenschalenpulver vermischen. Das Backpulver und etwa 1 TL Salz dazugeben. Die Quarkmischung mit den trockenen Zutaten, der Sahne und nach und nach das Wasser zu einem weichen Teig verkneten.

Den Backofen auf 160 °C Umluft vorheizen und ein Backblech mit Backpapier belegen. Aus dem Teig zehn längliche Brötchen formen (hier wurde eine Hotdog-Silikonform benutzt), auf das vorbereitete Backblech legen und im vorgeheizten Backofen 30–45 Minuten goldbraun backen. Die Hotdog-Brötchen auf einem Kuchengitter etwas abkühlen lassen.

Die Würstchen in heißem Wasser ziehen lassen und so erwärmen. Die Essiggürkchen in dünne Scheiben schneiden und das Sauerkrautwasser abgießen.

Nach Belieben die Schweinekrusten zerbröseln. Nun die Hotdogs füllen, dazu die Brötchen an der langen Seite aufschneiden, aber nicht komplett durchschneiden, damit die Füllung nicht herausfallen kann.

Zuerst etwas Sauerkraut darin verteilen, jeweils ein Würstchen daraufgeben und anschließend die Essiggürkchen daraufgeben. Den Senf und den Ketchup nach Belieben darauf verteilen und mit den gecrushten Schweinekrusten bestreuen.

Die Hotdogs auf die Hand nehmen und genießen.

ORIENTALISCHE HACKBÄLLCHEN MIT BLUMENKOHLPÜREE

Nährwerte pro Portion: 642 kcal | 40,9 g F | 8,4 g KH | 45,5 g E

Für 4 Portionen

ZUTATEN

1 kg Blumenkohl
1 Bund Minze
100 g Mandeln
2 EL Sesam
2 Eier (Größe M)
1 TL Kümmel, gemahlen
nach Belieben Chiliflocken
Salz, schwarzer Pfeffer aus der Mühle
500 g Rinderhackfleisch
nach Belieben Sahne
Muskatnuss, gemahlen

ZUBEREITUNG

Den Blumenkohl waschen, putzen, in grobe Stücke schneiden und in einem Dämpfeinsatz schonend weich kochen. Die Minze waschen, die Blättchen abzupfen und in einen Multizerkleinerer geben. Die Mandeln, den Sesam, die Eier, den Kümmel, die Chiliflocken, Salz und Pfeffer dazugeben und zu einer krümeligen, festen Masse zerkleinern.

Die Mandelmischung mit dem Hackfleisch verkneten, nach Belieben noch mal mit Salz, Pfeffer oder Chili würzen, zu acht Kugeln formen und etwas flach drücken.

Eine große Pfanne erhitzen und das Butterschmalz darin erhitzen. Die orientalischen Frikadellen dazugeben und von allen Seiten etwa 10–15 Minuten braten.

Den Blumenkohl pürieren, nach Belieben etwas Sahne dazugeben und mit Salz, Pfeffer und dem Muskat abschmecken. Das Blumenkohlpüree mit den Hackbällchen anrichten und genießen.

BIFTEKI IM FLADENBROT

Nährwerte pro Portion: 699 kcal | 46,0 g F | 14,9 g KH | 46,8 g E

Für 4 Portionen

FÜR DAS ZAZIKI

1 Salatgurke
5 Knoblauchzehen
500 g Joghurt
1–2 EL Zitronensaft
Salz, schwarzer Pfeffer aus der Mühle

FÜR DIE LOW-CARB-FLADEN

2 Eier (Größe M)
250 g Quark 40 %
50 g Mandelmehl
40 g Bambusfasern
10 g Flohsamenschalenpulver
½ TL Salz
1 Päckchen Backpulver
100–200 ml Wasser

FÜR DEN SALAT

½ grüner Salatkopf (zum Beispiel Eisberg, Endivie oder Römersalat)
1 Salatgurke
4 Fleischtomaten

FÜR DIE BIFTEKI

500 g Hackfleisch
2 Eier (Größe M)
Salz, schwarzer Pfeffer aus der Mühle
1 EL Bohnenkraut, gerebelt
100 g Feta

AUSSERDEM

Holzspieße

ZUBEREITUNG

Für das Zaziki die Gurke waschen, der Länge nach halbieren, die Kerne mithilfe eines Teelöffels herauslösen und die Gurke in sehr kleine Würfel schneiden. Den Knoblauch schälen und zerkleinern. Den Joghurt mit dem Knoblauch, der Gurke und dem Zitronensaft verrühren, mit Salz und Pfeffer abschmecken und das Zaziki kalt stellen.

Für die Low-Carb-Fladen die Eier mit dem Quark verquirlen. Das Mandelmehl, die Bambusfasern, das Flohsamenschalenpulver, das Salz und das Backpulver vermengen. Mit der Quarkmischung und dem Wasser zu einem glatten Teig verarbeiten. Den Teig in vier Stücke portionieren, zu Scheiben formen und diese auf einer Silikonmatte mit etwas Bambusfasern bestreut so dünn wie möglich ausrollen.

Eine ausreichend große Pfanne mit Deckel erhitzen und das Olivenöl dazugeben. Dann einen Fladen nach dem anderen auf mittlerer Hitze anbraten. Dazu immer wieder den Deckel auf die Pfanne legen. Anschließend die Fladen wenden und von der anderen Seite brutzeln lassen. Das wird wiederholt, bis alle Fladen gebacken sind.

TIPP: Wer einen Grill hat, kann die Fladen auch dort zubereiten, dann bekommen sie ein schönes Raucharoma!

Für den Salat den Salatkopf waschen, trockenschütteln und zerkleinern. Die Gurke und die Tomaten ebenfalls waschen und in dünne Scheiben schneiden. Die Salatzutaten vermischen.

Für die Bifteki das Hackfleisch mit den Eiern vermengen und mit Salz, Pfeffer und dem Bohnenkraut vermengen. Den Feta in etwa 1 cm große Würfel schneiden. Dann die Fetawürfel in ausreichend große Hackfleischkugeln drücken. Die Öffnung gut verschließen, die Hackfleischbällchen auf die Spieße stecken und nach Bedarf in der Pfanne oder auf dem Grill braten.

Zum Anrichten einen Fladen auf den Teller legen, mit dem Salat belegen und das Zaziki nach Geschmack darübergeben. Anschließend die frisch gebratenen Bifteki-Spieße darauflegen, zusammenklappen und servieren.

KÜRBIS-RISOTTO

Nährwerte pro Portion: 513 kcal | 30,8 g F | 12,1 g KH | 39,0 g E

Für 4 Portionen

ZUTATEN

1 kg Blumenkohl
250 g Kürbisstücke (zum Beispiel Muskatkürbis)
1 Zwiebel
1 Knoblauchzehe
Öl zum Anbraten
500 g Hähnchengeschnetzeltes
Salz, Pfeffer
1 EL Paprikapulver
400 ml Kokosmilch
80 g TK-Blattspinat

ZUBEREITUNG

Den Blumenkohl waschen, putzen und raspeln. Den Kürbis waschen und würfeln. Die Zwiebel und den Knoblauch schälen, zerkleinern und in dem erhitzten Öl goldbraun anschwitzen. Das Hähnchengeschnetzelte waschen, trockentupfen, dazugeben, von allen Seiten scharf anbraten und mit Salz, Pfeffer und dem Paprikapulver würzen.

Die Kürbisstücke in die Pfanne geben und unter Wenden garen. Die Blumenkohl-Raspel unterheben und ebenfalls anbraten, damit das Wasser etwas verdunstet.

Den Pfanneninhalt mit der Kokosmilch ablöschen und alles unter Rühren einköcheln lassen.

Etwa 10 Minuten vor dem Servieren den Spinat dazugeben, im Kürbis-Risotto auftauen und etwas einkochen lassen. Das Risotto mit Salz, Pfeffer und dem Paprikapulver abschmecken und servieren.

KÜRBIS-SPINAT-AUFLAUF

Nährwerte pro Portion: 500 kcal | 25,7 g F | 20,1 g KH | 44,2 g E

Für 4 Portionen

ZUTATEN

1 Zwiebel
2 Knoblauchzehen
Butterschmalz
500 g Hähnchengeschnetzeltes
Salz, Pfeffer
750 g Butternutkürbis
200 g Sahne
Oregano, gerebelt
Paprikapulver
100 g frischer Spinat
125 g Mozzarella

ZUBEREITUNG

Die Zwiebel und die Knoblauchzehen schälen, zerkleinern und in dem erhitzten Butterschmalz goldbraun anschwitzen. Das Hähnchengeschnetzelte waschen, trockentupfen, dazugeben, scharf anbraten und mit Salz und Pfeffer würzen.

Den Kürbis schälen, waschen, würfeln, dazugeben, 5–10 Minuten anschwitzen und immer wieder verrühren. Anschließend mit der Sahne ablöschen und mit dem Oregano und dem Paprikapulver abschmecken. Den Spinat waschen, putzen, unterheben und alles in eine Auflaufform geben.

Den Backofen auf 180 °C Umluft vorheizen. Den Mozzarella in kleine Würfel schneiden, auf dem Kürbis-Spinat-Auflauf verteilen und den Auflauf im vorgeheizten Backofen etwa 30 Minuten backen. Wenn der Käse schön verlaufen ist, den Auflauf servieren.

SPARGEL-AUFLAUF MIT GEKOCHTEM SCHINKEN

Nährwerte pro Portion: 631 kcal | 47,0 g F | 11,6 g KH | 36,7 g E

Für 2 Portionen

ZUTATEN

1 kg weißer Spargel
200 g Scheiben Kochschinken
200 g Sahne
25 g Butter
1 TL Guarkernmehl
Salz
Muskatnuss, gemahlen
50 g geriebener Käse

ZUBEREITUNG

Den Spargel schälen, putzen und anschließend im Dampfgarer oder mit einem Dämpfeinsatz garen. Mehrere Spargelstangen zusammenfassen und jeweils mit einer Scheibe Kochschinken umwickeln. Die Spargelpäckchen in eine Auflaufform legen.

Die Sahne, 200 ml Wasser und die Butter in einen Topf geben und unter Rühren aufkochen. Das Guarkernmehl einrühren, die Bechamelsauce damit andicken und mit Salz und der Muskatnuss abschmecken.

Den Backofen auf 180 °C Umluft vorheizen. Die Spargelpäckchen mit der Sauce übergießen, mit dem Käse bestreuen und im vorgeheizten Backofen etwa 30 Minuten backen.

Wenn der Käse schön braun ist, direkt servieren. Wer möchte, kann statt gekochtem Schinken auch geräucherten Schinken verwenden.

SCHUPFNUDELN MIT CHAMPIGNON-RAHMSAUCE

Nährwerte pro Portion: 609 kcal | 43,0 g F | 15,3 g KH | 24,4 g E

Für 2 Portionen

ZUTATEN

500 g TK-Blumenkohl
2 Eier (Größe M)
60 g Kartoffelfasern
15 g Flohsamenschalenpulver
Salz, schwarzer Pfeffer aus der Mühle
300 g Champignons
1 Zwiebel
Butterschmalz
200 g Schmand
250 g Spinat
Petersilie

ZUBEREITUNG

Den Blumenkohl garen, zum Beispiel in einem Dampfeinsatz, etwas abkühlen lassen und mit dem Pürierstab zu einem glatten Püree verarbeiten. Mit den Eiern, den Kartoffelfasern, dem Flohsamenschalenpulver, Salz und Pfeffer zu einem Teig verarbeiten und am besten 5 Minuten ziehen lassen. Sollte der Teig dann noch zu feucht sein, einfach etwas mehr Kartoffelfasern dazugeben.

Anschließend den Teig zu Schupfnudeln formen. Die Pilze säubern und in dünne Scheiben schneiden. Die Zwiebel schälen und zerkleinern.

Das Butterschmalz in einer Pfanne schmelzen, die Schupfnudeln von allen Seiten scharf anbraten und herausnehmen. In der Pfanne die Zwiebel goldbraun anschwitzen, die Pilze dazugeben und von allen Seiten anbraten. Nun mit dem Schmand und etwas Wasser ablöschen, den Spinat sowie die Schupfnudeln dazugeben. Alles etwas köcheln lassen, mit Salz, Pfeffer und Petersilie abschmecken und servieren.

LACHS AUF SPINAT MIT GRATINIERTER HOLLANDAISE

Nährwerte pro Portion: 540 kcal | 41,5 g F | 5,3 g KH | 29,1 g E

Für 4 Portionen

ZUTATEN

500 g TK-Blattspinat
Salz, schwarzer, frisch gemahlener Pfeffer
Knoblauchpulver
Muskatnuss, gemahlen
4 Lachsfilets
125 g flüssige Butter
2 Eigelb
3 EL Zitronensaft

ZUBEREITUNG

Den Spinat auftauen lassen, etwas ausdrücken und mit Salz, Pfeffer, dem Knoblauchpulver sowie der Muskatnuss abschmecken. Die Spinatmischung in einer Auflaufform verteilen. Das Lachsfilet waschen, trockentupfen, leicht salzen und auf den Spinat legen.

Für die Hollandaise die Butter erhitzen und somit schmelzen. Dann das Eigelb in eine hohe Schüssel geben und den Zitronensaft dazugießen. Alles mit einem Pürierstab aufschäumen, die heiße Butter dazugießen und von unten nach oben aufschäumen, bis eine schöne Hollandaise entsteht. Die Sauce nun mit Salz, Pfeffer und der Muskatnuss abschmecken.

Den Backofen auf 180 °C Umluft vorheizen. Die Hollandaise über die Lachs-Spinat-Mischung gießen und im vorgeheizten Backofen etwa 30 Minuten backen. Wenn die Hollandaise schön gratiniert ist, den Auflauf servieren.

INDISCHES BUTTERCHICKEN MIT NAAN-BROT

Nährwerte pro Portion: 769 kcal | 49,2 g F | 14,7 g KH | 61,7 g E

Für 4 Portionen

ZUTATEN

1 Zwiebel
2 Knoblauchzehen
1 Bund Koriander
1 Chilischote
50 g Butter
600 g Hähnchengeschnetzeltes
500 g passierte Tomaten (Konserve)
300 g griechischer Joghurt
200 g Schmand
2 Eier (Größe M)
250 g Quark 40 %
50 g Mandelmehl
20 g Flohsamenschalenpulver
40 g Bambusfasern
10 g Backpulver
Salz
Butterschmalz
Saft von 1 Limette
Pfeffer

ZUBEREITUNG

Die Zwiebel und die Knoblauchzehen abziehen und zerkleinern. Dann den Koriander und die Chilischote waschen und klein hacken. Die Butter erhitzen und die Zwiebel- und die Knoblauchstücke darin anschwitzen. Das Hähnchen waschen, trockentupfen, dazugeben und scharf anbraten.

Mit den passierten Tomaten ablöschen, den Joghurt und den Schmand dazugeben. Alles verrühren, den Koriander und die Chilischote zufügen und etwas köcheln lassen.

Für das Naan-Brot die Eier mit dem Quark verquirlen. Das Mandelmehl mit dem Flohsamenschalenpulver, den Bambusfasern und dem Backpulver sowie 1 TL Salz vermischen. Die trockenen Zutaten zu der Eier-Quark-Mischung geben und zu einem glatten Teig verkneten.

Den Teig zu vier bis acht Fladen ausrollen und bei Bedarf mit Bambusfasern bemehlen.

In einer Pfanne das Butterschmalz erhitzen und die Naan-Brote nach und nach von beiden Seiten ausbacken.

Das Joghurt-Hähnchen mit dem Limettensaft verfeinern, mit Salz und Pfeffer abschmecken und mit dem Naan-Brot servieren.

RATATOUILLE MIT GEBACKENENEM FETA

Nährwerte pro Portion: 668 kcal | 45,5 g F | 19,9 g KH | 42,0 g E

Für 2 Portionen

ZUTATEN

300 g Aubergine
500 g Zucchini
100 g Karotte
1 gelbe Paprikaschote
1 Zwiebel
2 Knoblauchzehen
Fett zum Anbraten
1 Chilischote
500 g stückige Tomaten (Konserve)
Salz, Pfeffer
1 EL Oregano, gerebelt
Thymian, gerebelt
125 g Cherrytomaten
400 g Feta

ZUBEREITUNG

Die Aubergine und die Zucchini waschen, putzen und in dünne Scheiben schneiden.

Die Karotte schälen, waschen und klein schneiden. Die Paprika entkernen, waschen und würfeln. Die Zwiebel und die Knoblauchzehen schälen und zerkleinern.

Eine Pfanne mit etwas Fett erhitzen und die Zwiebel- und die Knoblauchstücke darin anschwitzen. Die Zucchini- und die Auberginenscheiben dazugeben und alles scharf anbraten. Die Chilischote waschen, in dünne Ringe schneiden und zufügen.

Mit den stückigen Tomaten ablöschen, die Paprika zugeben und mit Salz, Pfeffer, dem Oregano und dem Thymian würzen. Das Ratatouille köcheln lassen und in eine Auflaufform geben.

Den Backofen auf 180 °C Umluft vorheizen. Die Cherrytomaten waschen, mit dem Feta auf dem Ratatouille verteilen, im vorgeheizten Backofen etwa 30 Minuten backen, bis der Feta angebräunt ist, und servieren.

KUCHEN & DESSERTS

MARMORKUCHEN

Nährwerte pro Stück: 105 kcal | 5,9 g F | 2,2 g KH | 9,9 g E

Für ca. 12 Stücke

ZUTATEN

Fett für die Form
5 Eier (Größe M)
250 g Quark 40 %
139 g Erythrit
100 g Mandelmehl
20 g Bambusfasern
1 EL Backpulver
1 TL Konjakmehl
2–3 EL Kakaopulver

AUSSERDEM

Gugelhupfform mit 20 cm Ø

ZUBEREITUNG

Den Backofen auf 160 °C vorheizen und eine Gugelhupfform einfetten. Die Eier mit dem Quark und dem Erythrit verquirlen.

Das Mandelmehl mit den Bambusfasern, dem Backpulver sowie dem Konjakmehl vermischen. Die trockenen Zutaten zu den nassen geben und alles zu einem glatten Teig verrühren. Die Hälfte des Teiges in die vorbereitete Gugelhupfform geben.

Die andere Hälfte des Teiges mit dem Kakaopulver sowie ggf. etwas Wasser glatt rühren und auf den hellen Teig in die Kuchenform geben. Mit einer Gabel den Teig vorsichtig von unten nach oben drehen, damit ein Marmormuster entsteht.

Den Kuchen im vorgeheizten Backofen etwa 1 Stunde backen. Mit dem Stäbchentest prüfen, ob der Kuchen gar ist, auf einem Kuchengitter auskühlen lassen, dann vorsichtig stürzen und servieren.

TIPP: Nach Belieben mit zuckerfreier Schokolade oder Pudererythrit verzieren.

FLACHSWICKEL

Nährwerte pro Stück: 211 kcal | 15,6 g F | 2,4 g KH | 8,8 g E

Für 8 Stück

ZUTATEN

3 Eier (Größe M)
50 g Erythrit
130 g Quark 40 %
50 g Mandelmehl
50 g Bambusfasern
½ Päckchen Trockenhefe
25 g Flohsamenschalenpulver
150 g lauwarme Milch
50 g weiche Butter
50 g Xylit
25–50 g Butter, flüssig

ZUBEREITUNG

Die Eier mit dem Erythrit und dem Quark verquirlen. Das Mandelmehl mit den Bambusfasern, der Trockenhefe und dem Flohsamenschalenpulver vermischen.

Die Mehlmischung zur Eier-Quark-Masse geben und die lauwarme Milch dazugeben. Anschließend die weiche Butter zufügen und alles zu einem glatten Teig verarbeiten. Den Hefeteig abgedeckt an einem warmen Ort mindestens 1 Stunde gehen lassen.

Nach der Ruhezeit gut durchkneten und zu acht Kugeln formen. Jede Kugel zu einer Rolle verarbeiten, die an den Enden dünner ist als in der Mitte, Länge etwa 30 cm. Die beiden Enden nebeneinanderlegen und flechten, sodass oben eine Schlaufe entsteht.

Den Backofen auf 160 °C Umluft vorheizen und ein Backblech mit Backpapier auslegen. Die Flachswickel mit genügend Abstand auf das vorbereitete Backblech legen und im vorgeheizten Backofen etwa 30 Minuten backen.

Einen Teller mit Xylit vorbereiten und die Butter schmelzen. Die noch warmen Teigstücke mit der Butter bepinseln und in das Xylit tunken. Zum Schluss vollständig abkühlen lassen und genießen.

APFELSTRUDEL

Nährwerte pro Stück: 125 kcal | 7,7 g F | 6,1 g KH | 6,7 g E

Für ca. 12 Stücke

ZUTATEN

500 g Äpfel
100 g Pudererythrit
1 Fläschchen Rumaroma
Zimt, gemahlen
2 Eier (Größe M)
250 g Quark 40 % i.Tr.
50 g weißes Mandelmehl (entölt)
7 g Xanthan
15 g Konjakmehl
25–35 g Bambusfasern
1 Prise Salz
1 EL weiche Butter
50 g Mandelblättchen

ZUBEREITUNG

Die Äpfel schälen, vierteln, das Kerngehäuse entfernen, die Äpfel in kleine Stücke schneiden und mit dem Pudererythrit in eine Schüssel geben. Dann mit dem Rumaroma und dem Zimt nach Geschmack verrühren und die Äpfel etwas ziehen lassen.

Für den Strudelteig die Eier mit dem Quark verquirlen. Das Mandelmehl mit dem Xanthan, dem Konjakmehl und etwa 25 g Bambusfasern vermischen. 1 Prise Salz dazugeben.

Die Mehlmischung zu den nassen Zutaten in die Rührschüssel geben, gut miteinander verkneten und zu einer Kugel formen. Den Teig nun etwa 10 Minuten ruhen lassen.

Den Teig zu einem großen etwa 3 mm dünnen Rechteck ausrollen. Sollte der Teig zu klebrig sein, Bambusfasern zu Hilfe nehmen und noch weiterkneten, bis der Teig sich gut ausrollen lässt. Wenn der Teig ausgerollt ist, ein Backpapier darauflegen und um 180 Grad drehen, damit das Rechteck auf dem Backpapier liegt.

Die Äpfel auf einem Sieb abtropfen lassen und auf etwa einem Drittel der Teigfläche verteilen. Links und rechts die Kanten einschlagen und mithilfe des Backpapiers so eng wie möglich zusammenrollen. Dabei sollte die Naht des Strudels möglichst auf der Unterseite sein.

Den Backofen auf 180 °C Umluft vorheizen. Die Butter schmelzen. Wer möchte, kann den abgetropften Apfelsaft unterrühren und noch ein wenig Zimt dazugeben. Den Strudel mit der flüssigen Butter bestreichen, mit den Mandelblättchen bestreuen und im vorgeheizten Backofen etwa 40 Minuten backen. Wenn er schön braun ist, herausholen und etwas abkühlen lassen.

Wer möchte, kann den Strudel warm oder auch kalt genießen und vor dem Servieren nach Belieben mit Pudererythrit bestreuen.

NUSSZOPF

Nährwerte pro Stück: 295 kcal | 24,6 g F | 4,2 g KH | 10,5 g E

Für ca. 16 Stücke

ZUTATEN

300–400 ml lauwarme Milch
1 TL Zucker
½ Würfel Hefe
6 Eier (Größe M)
250 g Quark 40 %
200 g Erythrit
30 g Kokosmehl
30 g Flohsamenschalenpulver
120 g Bambusfasern
100 g Mandelmehl
1 Prise Salz
250 g Haselnüsse
200 g Mandeln
1 TL Zimt, gemahlen
100 g weiche Butter zzgl. etwas mehr für die Form
1 Eigelb + 2 EL Milch
3 EL Pudererythrit
Zitronensaft

AUSSERDEM

Kastenform, etwa 30 cm Länge

ZUBEREITUNG

Etwa 300 ml Milch mit dem Zucker vermischen. Dann die Hefe hineinbröckeln und darin auflösen. Die Eier mit dem Quark und 100 g Erythrit verquirlen.

Das Kokosmehl, das Flohsamenschalenpulver, die Bambusfasern und das Mandelmehl mit dem Salz vermischen. Die Mehlmischung in die Schüssel mit den nassen Zutaten geben, die Hefemilch angießen und alles zu einem glatten Teig verkneten. Sollte der Teig zu klebrig oder zu trocken sein, ggf. mit Bambusfasern oder Wasser nachbessern. Den Teig abgedeckt an einem warmen Ort (am besten etwa 45–50 °C) 1 Stunde ruhen lassen.

Für die Füllung die Nüsse und die Mandeln mit dem restlichen Erythrit vermischen, mit dem Zimt und der Butter in einen Multizerkleinerer geben und zu einer nussigen, noch etwas groben Masse verarbeiten.

Den Backofen auf 160 °C Umluft vorheizen und die Kastenform gut einfetten oder mit Backpapier auslegen. Den Hefeteig gut durchkneten und halbieren. Jeweils eine Hälfte dünn ausrollen (etwa 5–8 mm dick) und mit jeweils der Hälfte der Nussmischung bestreichen.

Den Teig der Länge nach eng zusammenrollen. Die zwei Stränge nebeneinanderlegen und wie einen Zopf flechten. Den Nusszopf in die vorbereitete Kastenform legen.

Das Eigelb mit der Milch verquirlen und den Zopf damit einstreichen. Die oberen Stränge in einer Linie etwa 2 cm tief einschneiden und im vorgeheizten Backofen etwa 40 Minuten backen.

Den Nusszopf vollständig auskühlen lassen. Das Pudererythrit mit dem Limettensaft zu einem Guss verrühren, den Kuchen damit bestreichen und trocknen lassen.

ZITRONENKUCHEN

Nährwerte pro Stück: 142 kcal | 9,1 g F | 2,5 g KH | 11,7 g E

Für ca. 10 Stücke

ZUTATEN

5 Eier (Größe M)
130 g Erythrit
250 g Quark 40 %
200 ml Zitronensaft
Abrieb einer unbehandelten Zitrone
150 g Mandelmehl
1 EL Flohsamenschalenpulver
2 TL Backpulver
40 g Kokosöl zzgl. etwas mehr für die Form
1 Prise Salz
4 EL Puderythrit
Gugelhupfform mit 20 cm Ø

ZUBEREITUNG

Die Eier trennen und das Eigelb mit dem Erythrit und Quark verquirlen. 100 ml Zitronensaft und -abrieb in die Schüssel geben.

Das Mandelmehl mit dem Flohsamenschalenpulver und dem Backpulver vermischen. Die Mehlmischung zu den nassen Zutaten in die Schüssel geben und alles gut miteinander verrühren. Das Kokosöl leicht erwärmen und ebenfalls unterrühren.

Den Backofen auf 160 °C Umluft vorheizen und die Backform einfetten. Das Eiweiß mit 1 Prise Salz steif schlagen, vorsichtig unter den Teig heben, in die vorbereitete Backform füllen und im vorgeheizten Backofen etwa 1 Stunde backen.

Den Zitronenkuchen auskühlen lassen und vorsichtig aus der Form herausholen.

Das Pudererythrit mit dem restlichen Zitronensaft verrühren, den flüssigen Guss auf dem Kuchen verteilen und trocknen lassen.

TIPP: Nach Belieben mit Zitronenabrieb dekorieren.

SCHWARZWÄLDER KIRSCHTORTE

Nährwerte pro Stück: 323 kcal | 27,3 g F | 5,8 g KH | 8,3 g E

Für ca. 12 Stücke

ZUTATEN

100 g Low-Carb-Schokolade

FÜR DEN BISKUIT

70 g Mandelmehl
20 g Kakaopulver
10 g Flohsamenschalenpulver
15 g Backpulver
5 Eier (Größe M)
130 g Erythrit
100 ml Wasser

FÜR DIE FÜLLUNG

300 g Kirschen (Glas, ungezuckert)
80 ml Kirschwasser
200 g Pudererythrit
5 g Konjakmehl
900 g Sahne

ZUBEREITUNG

Zuerst die Schokosplitter zubereiten, dafür die Schokolade schmelzen und auf einem Stück Backpapier so dünn wie möglich glatt streichen und gut durchkühlen lassen.

Für den Biskuit das Mandelmehl mit dem Kakaopulver, dem Flohsamenschalenpulver sowie dem Backpulver vermischen. Die Eier trennen, zwei Drittel Erythrit mit dem Eiweiß steif schlagen. Das restliche Erythrit mit dem Eigelb und dem Wasser schaumig rühren.

Vorsichtig die Mehlmischung unter die Eigelbmasse geben. Dann den Eischnee vorsichtig unterheben.

Den Backofen auf 140 °C Umluft vorheizen und die Springform (18 cm Durchmesser) mit Backpapier auslegen. Den Teig in die vorbereitete Springform geben und im vorgeheizten Backofen etwa 30 Minuten backen. Den Kuchen nach der Backzeit komplett auskühlen lassen.

Für die Füllung die Kirschen abtropfen lassen und etwa zwölf Kirschen zur Seite legen. Die restlichen Kirschen mit 40 ml Kirschwasser und 50 g Pudererythrit kurz aufkochen, dann vom Herd nehmen und abkühlen lassen.

Den Kuchen in drei Teile schneiden, den untersten Teil in einen Tortenring legen, mit dem restlichen Kirschwasser beträufeln und mit den Kirschen belegen.

Das restliche Pudererythrit mit dem Konjakmehl vermischen. Die Sahne steif schlagen und das Erythrit unterheben, bis es schön andickt. Nach Belieben mit dem restlichen Erythrit nachsüßen.

Mit der Hälfte der Sahnecreme die Torte füllen, dafür die erste Sahneschicht auf die Kirschen geben und einen Tortenboden darauflegen. Dann wieder eine Sahneschicht daraufgeben und den Kuchen etwa 2 Stunden durchkühlen lassen.

Währenddessen die Schokosplitter zubereiten, dazu das Backpapier zusammenrollen und so die Schokolade zersplittern und in einer Schüssel auffangen.

Den Tortenring vorsichtig lösen. Einen Teil der Sahne in eine Spritztüte mit Sterntülle füllen, die restliche Creme gleichmäßig auf der Torte verteilen und glatt streichen. Die Schokosplitter an den Rändern vorsichtig anbringen.

Zum Schluss mit der restlichen Sahne die Sahnehäubchen auf die Schwarzwälder Kirschtorte spritzen, jeweils eine Kirsche daraufsetzen und die Torte servieren.

CHOCOLATE-CHIP-COOKIES

Nährwerte pro Stück: 160 kcal | 14,0 g F | 1,3 g KH | 6,0 g E

Für ca. 16 Stück

ZUTATEN

180 g weiche Butter
150 g Erythrit Bronze
Vanillearoma bei Bedarf
2 Eier (Größe M)
150 g Mandelmehl
1 Päckchen Backpulver
130 g LC-Schokodrops

ZUBEREITUNG

Die Butter mit dem Erythrit und dem Vanillearoma verrühren. Die Eier zufügen und weiterrühren. Das Mandelmehl mit dem Backpulver vermischen. Die Mehlmischung langsam mit der Buttermischung zu einem klebrigen Teig verarbeiten. Anschließend die Schokodrops unterheben.

Wer es schokoladiger mag, kann noch mehr Schokodrops dazugeben. Den Teig zu einer Rolle formen, in Frischhaltefolie wickeln und mindestens 1 Stunde kalt stellen oder sogar einfrieren.

Den Backofen auf 150 °C Umluft vorheizen und zwei Backbleche mit Backpapier auslegen. Den Teig in 0,5–1 cm dicke Scheiben schneiden, mit ausreichend Abstand auf die vorbereiteten Backbleche legen und im vorgeheizten Backofen 15–20 Minuten backen.

Die fertigen Chocolate-Chip-Cookies abkühlen lassen. Wenn sie abgekühlt sind, servieren und/oder zum Kaffee genießen.

TIPP: Wer keine Lust zu warten hat, kann den Teig auch zu etwa 3 cm großen Kugeln formen, auf ein mit Backpapier ausgelegtes Backblech geben und flacher drücken. Ich empfehle bei dieser Größe etwa neun Teigkugeln pro Blech.

KOKOSKEKSE

Nährwerte pro Stück: 66 kcal | 5,7 g F | 0,8 g KH | 1,7 g E

Für ca. 21 Stück

ZUTATEN

2 Eier (Größe M)
100 g weiche Butter
120 g Erythrit
100 g Kokosmehl
10 g Bambusfasern
2 g Konjakmehl
1 EL Backpulver
nach Belieben Vanillearoma
100 g weiße LC-Schokodrops
15 g Kokosöl
50 g Kokosraspel

ZUBEREITUNG

Die Eier mit der weichen Butter und dem Erythrit verquirlen. Das Kokosmehl mit den Bambusfasern, dem Konjakmehl und dem Backpulver vermischen.

Die Mehlmischung mit der Buttermischung zu einem glatten Keksteig verarbeiten. Das Rezept kann nun in zweierlei Varianten umgesetzt werden.

VARIANTE 1

Den Teig zu einer Rolle formen, in Frischhaltefolie wickeln und 30–60 Minuten kalt stellen, bis der Teig fest ist. Den Backofen auf 160 °C Umluft vorheizen und ein Backblech mit Backpapier auslegen. Die Teigrolle in etwa 1 cm dicke Scheiben schneiden, auf das vorbereitete Backblech legen und im vorgeheizten Backofen etwa 15 Minuten backen.

VARIANTE 2

Den Teig zu 25 Kugeln formen, auf das vorbereitete Backblech legen und mit einer Gabel vorsichtig etwas flacher drücken. Die Kekse ebenfalls etwa 15 Minuten im vorgeheizten Backofen bei 160 °C Umluft backen.

Anschließend die Kokos-Cookies komplett auskühlen lassen und servieren.

ROCHER-CREME

Nährwerte pro Portion: 380 kcal | 36,0 g F | 3,7 g KH | 5,0 g E

Für 8 Portionen

ZUTATEN

100 g Haselnussmus
100 g LC-Zartbitterschokolade
Mark einer Vanilleschote
Rumaroma
Zimt, gemahlen
etwas LC-Süße (zum Beispiel Pudererythrit oder Flüssigsüßstoff)
500 g Sahne
50 g Haselnusskerne
2 EL Xylit

AUSSERDEM

8 Dessertgläser mit etwa 100 ml Füllmenge

ZUBEREITUNG

Das Haselnussmus mit der Zartbitterschokolade über dem heißen Wasserbad schmelzen. Das Mark der Vanilleschote dazugeben und die Mischung mit dem Rumaroma und dem Zimt abschmecken. Nach Bedarf noch etwas LC-Süße dazugeben.

Die Sahne steif schlagen und die flüssige Schoko-Nuss-Masse vorsichtig unterheben. Die Creme ist fertig, wenn alles gleichmäßig verteilt ist.

Die Rocher-Creme auf acht Dessertgläser verteilen (hier wurde als Einfüllhilfe die Creme in einen Spritzbeutel gefüllt und dann vorsichtig in die Gläser gefüllt). Die Creme etwa 30 Minuten kalt stellen.

Die Haselnüsse grob zerkleinern, mit dem Xylit und etwas Zimt in eine Pfanne geben. Bei mittlerer Hitze die Nüsse leicht anrösten und das Xylit karamellisieren.

Die noch warme Nuss-Xylit-Masse vorsichtig auf der Creme verteilen, eine weitere Stunde kalt stellen und servieren.

ZITRONEN-BUTTERMILCH-DESSERT

Nährwerte pro Portion: 174 kcal | 10,1 g F | 7,0 g KH | 15 g E

Für 6 Portionen

ZUTATEN

18 g gemahlene Gelatine
4 Zitronen
500 ml Buttermilch
8 EL Pudererythrit
500 g Quark 40 %

ZUBEREITUNG

Die Gelatine nach Packungsanweisung quellen lassen. Die Zitronen halbieren und den Saft auspressen. Die Buttermilch mit dem Pudererythrit und dem Zitronensaft verrühren und den Quark unterheben.

Die gequollene Gelatine nach Packungsanweisung auflösen. Etwa 2–3 EL von der Creme unter die Gelatine rühren, damit diese leicht abkühlt. Die vermischte Gelatine nun gleichmäßig unter die Creme rühren, nicht zu langsam, damit keine Klümpchen entstehen.

Danach das Zitronen-Buttermilch-Dessert einige Minuten ruhen lassen. Die noch flüssige Creme entweder in kleine Dessertgläser füllen oder in eine große Glasschale geben und am besten über Nacht in den Kühlschrank stellen, damit das Zitronen-Buttermilch-Dessert noch fester wird. Das Dessert anschließend servieren.

TIPP: Wer möchte, kann das Buttermilch-Dessert mit einer Scheibe Zitrone, gehackten Pistazien und einem Minzblatt dekorieren.

TIRAMISU OHNE EI UND ZUCKER

Nährwerte pro Portion: 318 kcal | 29,7 g F | 3,4 g KH | 7,1 g E

Für 12 Portionen

ZUTATEN

50 g Mandelmehl
10 g Flohsamenschalenpulver
10 g Backpulver
4 Eier (Größe M)
100 g Erythrit
50 ml Wasser
500 g Mascarpone
500 g Sahne
100 g Pudererythrit
40–80 ml Amaretto (siehe Seite 178) oder alternativ Rum
100–150 ml Kaffee
Kakaopulver

AUSSERDEM

Auflaufform

ZUBEREITUNG

Das Mandelmehl mit dem Flohsamenschalenpulver sowie dem Backpulver vermischen. Den Backofen auf 140 °C vorheizen.

Die Eier trennen und das Eiweiß mit zwei Dritteln des Erythrits steif schlagen. Das Eigelb mit dem Wasser und dem restlichen Erythrit schaumig rühren. Nach und nach die Mehlmischung dazugeben.

Den Eischnee vorsichtig unterheben und den Teig entweder in eine mit Backpapier ausgekleidete Auflaufform geben (in der das Tiramisu später serviert wird) oder auf einem mit Backpapier ausgelegten Backblech backen. Den Teig vorsichtig vom Backpapier lösen. Dann entweder quer durchschneiden oder in passende Stücke schneiden.

Die Mascarpone gut verrühren. Die Sahne steif schlagen und das Pudererythrit unterrühren. Die Sahne unter die Mascarpone heben, bis eine gleichmäßige Creme entsteht. Eine Auflaufform mit der Hälfte des Biskuits auslegen. Den Amaretto oder den Rum mit dem Kaffee verrühren und mit einem Teil den Biskuit gut beträufeln.

Eine Schicht Creme darübergeben und mit dem restlichen Biskuit belegen. Diesen wieder tränken, mit der übrigen Mascarpone-Creme bestreichen und mindestens 1 Stunde kalt stellen. Kurz vor dem Servieren mit dem Kakaopulver bestreuen.

ERDBEER-MOUSSE-TORTE

Nährwerte pro Stück: 231 kcal | 18,8 g F | 6,8 g KH | 6,9 g E

Für 20 Stücke

ZUTATEN

5 Eier (Größe M)
130 g Erythrit
100 ml lauwarmes Wasser
50 g Mandelmehl
20 g Bambusfasern
1 TL Backpulver
½ TL Guarkernmehl
ca. 1 kg Erdbeeren
18 g gemahlene Gelatine
200 g weiße LC-Schokodrops
750 g Sahne
250 g Quark 40 %
1 EL Kokosöl

ZUBEREITUNG

Den Backofen auf 160 °C Umluft vorheizen und eine eckige Backform oder einen Backring (40 × 35 cm) einfetten oder mit Backpapier auslegen.

Für den Biskuit die Eier trennen. Das Eiweiß mit zwei Dritteln des Erythrits steif schlagen. Das Eigelb mit dem restlichen Erythrit und dem Wasser ebenfalls steif schlagen. Das Mandelmehl mit den Bambusfasern sowie dem Backpulver mischen, langsam zu der Eigelbmischung geben und zu einem homogenen Teig verarbeiten. Sollte dieser zu fest sein, noch etwas Wasser dazugeben.

Den Eischnee unter den restlichen Teig heben, in die vorbereitete Backform füllen und im vorgeheizten Backofen etwa 20 Minuten backen. Den Biskuit abkühlen lassen und vorsichtig aus der Form oder vom Backpapier lösen. Dann mit einem Backring ummanteln und diesen vorher mit Backpapier auslegen.

Die Erdbeeren waschen, trockentupfen, etwa zehn schöne und nicht zu große Erdbeeren mit Grün zur Seite legen und die übrigen Erdbeeren putzen. Die Erdbeeren ohne Grün mit der angeschnittenen Seite nach unten auf den Biskuit legen und kurze Zeit kalt stellen.

Die Gelatine nach Packungsanweisung quellen lassen. 150 g Schokolade mit etwa 100 ml Sahne vorsichtig über dem heißen Wasserbad schmelzen. Die übrige Sahne steif schlagen und den Quark vorsichtig unterheben. Nun nach und nach die Schokolade unterheben, damit sich die Mischung zu einer einheitlichen Creme verbindet. Wem es nicht süß genug ist, kann hier noch etwas Low-Carb-geeignete Süße nach Wahl dazugeben.

Die Gelatine nach Packungsanweisung auflösen, 2–3 EL der Creme unterrühren und schnell unter die Mousse heben. Die Creme auf den Erdbeeren verteilen, glatt streichen und die Torte so lange kalt stellen, bis die Mousse fest ist.

Die restlichen Schokodrops mit dem Kokosöl langsam schmelzen und gleichmäßig auf dem Kuchen verteilen. Die beiseitegestellten Erdbeeren mit dem Grün halbieren, auf dem Kuchen verteilen und servieren.

DOUBLE-CHOC-MUFFINS

Nährwerte pro Stück: 170 kcal | 12,5 g F | 2,7 g KH | 9,7 g E

Für 12 Stück

ZUTATEN

3 Eier (Größe M)
250 g Quark 40 %
50 g weiche Butter
20 g Erythrit
100 g Mandelmehl
25 g Kakaopulver
10 g Flohsamenschalenpulver
1 TL Backpulver
60 g LC-Zartbitter-Schokodrops
50 g weiße LC-Schokodrops
20 ml Rum
Kokosöl
Muffinblech
12 Muffinförmchen aus Papier

ZUBEREITUNG

Den Backofen auf 160 °C Umluft vorheizen und das Muffinblech mit den Muffinförmchen auslegen. Die Eier mit dem Quark, der Butter und dem Erythrit verquirlen. Das Mandelmehl mit dem Kakaopulver, dem Flohsamenschalenpulver und dem Backpulver vermischen.

Die Mehlmischung mit der Buttermischung und dem Rum zu einem homogenen Teig verarbeiten. Die Zartbitter-Schokodrops ggf. noch etwas zerkleinern und ein paar für die Deko beiseitestellen. Die übrigen Zartbitter-Schokodrops unter den Teig heben, den Teig in den Muffinförmchen verteilen und im vorgeheizten Backofen etwa 30 Minuten backen.

Die weißen Schokodrops mit etwas Kokosöl schmelzen und als Guss auf die Triple-Choc-Muffins geben. Die restlichen Schokodrops auf den Muffins verteilen, trocknen lassen und servieren.

GEBRANNTE KÜRBISKERNE

Nährwerte pro 100 g: 385 kcal | 32,1 g F | 1,6 g KH | 20,9 g E

ZUTATEN

20 g weiche Butter
120 g Erythrit Bronze
200 g Kürbiskerne, ohne Schale
nach Belieben Salz
½ TL Zimt, gemahlen

ZUBEREITUNG

Eine Pfanne erhitzen und die Butter darin schmelzen. Nicht zu heiß, damit die Butter nicht anbrennt. Dann nach und nach 100 g Erythrit dazugeben und rühren, bis alles geschmolzen ist. Die Kürbiskerne zufügen und bei mittlerer Hitze karamellisieren.

Vorsicht, der Karamell kann spritzen. Nach Belieben evtl. etwas Salz dazugeben. Die Kürbiskerne auf einem Stück Backpapier auf einer Arbeitsfläche verteilen und möglichst glatt streichen. Die Kerne zwischendurch wenden, damit sie nicht ankleben.

Das restliche Erythrit mit dem Zimt vermischen. Wenn der Karamell zu trocknen beginnt, die Erythritmischung darauf verteilen und wenden. So entsteht eine knusprige »Xuckerschicht«.

Wenn die Kürbiskerne abgekühlt sind, vom Backpapier lösen und genießen.

BAUMKUCHEN

Nährwerte pro Stück: 85 kcal | 7,4 g F | 0,7 g KH | 3,2 g E

Für 50 Stücke

ZUTATEN

250 g weiche Butter
250 g Erythrit
6 Eier (Größe M)
1 Fläschen Vanillearoma
3 EL brauner Rum
150 g Mandelmehl
35 g Kokosmehl
1 Päckchen Backpulver
200 ml Milch/Mandelmilch
1 Prise Salz
200 g Low-Carb-Schokolade
2 TL Kokosöl oder Kakaobutter
1 kastenförmige Springform oder eckiger Backrahmen

ZUBEREITUNG

Den Backofen (Grill) auf 250 °C vorheizen und eine Springform mit Backpapier auslegen. Die Butter mit dem Erythrit schaumig rühren. Vier Eier trennen und das Eigelb sowie die restlichen zwei Eier in die Schüssel mit der Buttermischung geben. Das Vanillearoma und den Rum zufügen und gut verrühren.

Das Mandelmehl mit dem Kokosmehl und dem Backpulver vermischen und löffelweise mit der Milch unter den Teig rühren. Das Eiweiß mit dem Salz steif schlagen und vorsichtig unter den Teig heben.

2 EL Teig dünn auf dem Boden der vorbereiteten Springform verstreichen und im vorgeheizten Backofen auf oberster Schiene goldbraun backen. Dabei sehr darauf achten, dass der Kuchen nicht zu dunkel wird.

Nun wieder 2 EL Teig auf dem Boden verteilen. Vorsicht! Die erste Schicht ist immer die tückisch. Wenn sich hier der Boden löst, den Teig mit etwas mehr Milch zu verrühren. Aber sobald die zweite Schicht in der Form ist, wird der Rest zur Routine.

Die Form wieder in den Backofen stellen, 3–5 Minuten backen und wenn eine goldbraune Schicht entstanden ist, wieder herausholen. Den Vorgang so lange wiederholen, bis der Teig aufgebraucht ist. Den Kuchen in der Form abkühlen lassen und aus der Form lösen.

Nicht wundern, der Kuchen sieht an der Seite etwas dunkler aus. Das ist aber kein Problem, denn nun wird jeweils eine dünne Seite abgeschnitten, damit gleichmäßige Kanten entstehen. Den Baumkuchen in beliebig große Würfel schneiden.

Die Schokolade hacken, über dem heißen Wasserbad schmelzen, das beliebige Fett (Kokosöl, Kakaobutter …) hinzugeben und auflösen. Wenn die Schokolade formbar ist, die Baumkuchen-Würfel mit einer Gabel darin tunken. Die in Schokolade getunkten Baumkuchen-Ecken auf Backpapier legen und trocknen lassen. Wenn etwas Schokolade übrig bleibt, mit einer Gabel Spritzer auf den abgekühlten Baumkuchen-Ecken zu verteilen. So entsteht ein schönes Muster.

HASELNUSS-BROWNIES

Nährwerte pro Stück: 240 kcal | 21,3 g F | 2,6 g KH | 5,6 g E

Für 16 Stück

ZUTATEN

130 g Erythrit
4 Eier (Größe M)
100 g Haselnussmus
50 g weiche Butter
200 g gemahlene Haselnusskerne
25 g Bambusfasern
30 g Kakaopulver
15 g Backpulver
100 g LC-Zartbitterschokolade
50 g gehackte Haselnüsse

ZUBEREITUNG

Den Backofen auf 160 °C Umluft vorheizen und eine Backform (ca. 24 × 24 cm) einfetten oder mit Backpapier auslegen. Das Erythrit mit den Eiern, dem Haselnussmus und der weichen Butter verquirlen. Die gemahlenen Haselnüsse mit den Bambusfasern, dem Kakaopulver und dem Backpulver vermischen, zu der Eiermischung geben und zu einem glatten Teig verrühren.

Die Schokolade schmelzen, unterheben und den Teig in die vorbereitete Backform füllen. Die Nüsse überstreuen und die Brownies etwa 20 Minuten backen.

Die Brownies abkühlen lassen, in Stücke schneiden und nach Belieben mit einer Schoko-Creme verzieren.

SCHOKOKUSS-KUCHEN

Nährwerte pro Stück: 89 kcal | 5,5 g F | 1,5 g KH | 7,4 g E

Für 12 Stück

ZUTATEN

FÜR DEN BISKUIT

70 g Mandelmehl
20 g Kakaopulver
10 g Flohsamenschalenpulver
15 g Backpulver
5 Eier (Größe M)
130 g Erythrit
100 ml Wasser

FÜR DIE FÜLLUNG

60 g Low-Carb-Zartbitterschokolade
2 Blatt Gelatine
50 g Pudererythrit
3 Eiweiß
1 Prise Salz
5 g Kokosöl

AUSSERDEM

Springform mit 18 cm Ø

ZUBEREITUNG

Den Backofen auf 140 °C Umluft vorheizen und die Springform mit Backpapier auslegen oder einfetten. Für den Biskuit das Mandelmehl mit dem Kakaopulver, dem Flohsamenschalenpulver sowie dem Backpulver vermischen. Die Eier trennen und zwei Drittel des Erythrits mit dem Eiweiß steif schlagen.

Das restliche Erythrit mit dem Eigelb und dem Wasser schaumig rühren.

Vorsichtig die Mehlmischung auf die Eigelbmasse geben und mit dem Eischnee vorsichtig unterheben. Den Teig in die vorbereitete Springform füllen und im vorgeheizten Backofen etwa 30 Minuten backen. Den Biskuit vollständig auskühlen lassen.

Für die Füllung 20 g Schokolade schmelzen und auf einem Stück Backpapier so dünn wie möglich verstreichen. Dann kalt stellen, damit die Schokolade fest wird. Anschließend das Backpapier zusammenrollen und die Schokosplitter auffangen.

Die Gelatine nach Packungsanweisung einweichen. 50 ml Wasser mit dem Erythrit erhitzen, bis der Zuckerersatz sich auflöst. Die Gelatine ausdrücken, in dem Erythritwasser auflösen und unter Rühren abkühlen lassen.

Das Eiweiß mit dem Salz steif schlagen und vorsichtig das flüssige Erythrit unter starkem Rühren zufügen. Die Schokosplitter unterheben, sobald die Eischneemasse Raumtemperatur besitzt.

Den Kuchen quer halbieren und die untere Hälfte mit einem Tortenring umlegen. Die Eiweißcreme darübergeben und glatt streichen. Den Kuchendeckel darauflegen und die Torte so lange kalt stellen, bis die Creme fest geworden ist.

Den Tortenring von der Schokokuss-Torte lösen. Die restliche Schokolade grob hacken, mit dem Kokosöl schmelzen und vorsichtig auf dem Kuchen verteilen, damit die Schokolade vorsichtig an den Seiten heruntertropft.

Wenn die Schokolade getrocknet ist, kann der Kuchen genossen werden.

SCHOKO-JOHANNISBEER-KUCHEN

Nährwerte pro Stück: 193 kcal | 15,1 g F | 3,7 g KH | 9,8 g E

Für 12 Stück

ZUTATEN

3 Eier (Größe M)
50 g weiche Butter
140 g Erythrit
250 g Quark 40 %
100 g Mandelmehl
15 g Backpulver
40 g Kakaopulver
20 g Flohsamenschalenpulver
250 g Johannisbeeren
50 g Pudererythrit
2 g Konjakmehl
250 g Sahne

AUSSERDEM

Springform mit etwa 26 cm Ø

ZUBEREITUNG

Den Backofen auf 160 °C Umluft vorheizen und die Springform mit Backpapier auslegen oder einfetten. Die Eier mit der Butter, dem Erythrit und dem Quark verquirlen. Das Mandelmehl mit dem Backpulver, mit dem Kakaopulver und dem Flohsamenschalenpulver vermischen.

Die Mehlmischung mit der Quarkmischung zu einem homogenen Teig verrühren und in die vorbereitete Springform geben. Die Johannisbeeren waschen, vom Strunk entfernen, auf dem Kuchen verteilen und im vorgeheizten Backofen etwa 30 Minuten backen. Anschließend den Kuchen abkühlen lassen.

Das Pudererythrit mit dem Konjakmehl vermischen. Die Sahne steif schlagen und langsam die Süße unterheben. Die Creme auf dem Kuchen verteilen, nach Belieben verzieren und servieren.

GETRÄNKE & COCKTAILS

BLUEBERRY-MOJITO

Nährwerte pro Glas: 114 kcal | 0,0 g F | 4 g KH | 0,0 g E

ZUTATEN FÜR 1 GLAS

6 Heidelbeeren + 1 Handvoll Heidelbeeren
4 große Minzblätter
1 EL Erythrit
Eiswürfel
40 ml weißer Rum
Mineralwasser

AUSSERDEM

1 Holzspieß
Stößel
1 Longdrinkglas
1 Minzzweig

ZUBEREITUNG

Sechs Heidelbeeren waschen, trockentupfen und auf einen Holzspieß reihen. Die Handvoll Heidelbeeren und die Minze ebenfalls waschen und in das Glas geben.

Die Früchte und die Minze mit einem Stößel zerdrücken. Die Süße, die Eiswürfel und den Rum dazugeben, mit dem Mineralwasser aufgießen, mit dem Minzzweig und dem Heidelbeer-Spieß dekorieren und servieren.

BLUEBERRY-GLÜH-GIN

Nährwerte pro Glas: 62 kcal | 0,0 g F | 1,4 g KH | 0,0 g E

ZUTATEN FÜR 4–6 GLÄSER

250 g Heidelbeeren
1 Vanilleschote
1 Zimtstange
1 Zweig Rosmarin
2 Sternanis
4 Nelken
100–150 g Pudererythrit
Saft einer Zitrone
150–200 ml Gin

ZUBEREITUNG

Die Heidelbeeren waschen, in einen Topf geben und mit einem Stößel zerdrücken.

2 l Wasser angießen und aufkochen. Die Vanilleschote aufschneiden, das Mark herauslösen und zu der Heidelbeermischung geben.

Die Zimtstange, den Rosmarinzweig, den Sternanis, die Nelken und etwa 100 g Pudererythrit zufügen. Den Topf vom Herd nehmen und am besten über Nacht ziehen lassen.

Anschließend den »Heidelbeer-Tee« durch ein Sieb abseihen, wieder zurück in den Topf geben, auf kleiner Flamme erhitzen und den Zitronensaft sowie den Gin dazugeben. Den Tee mit dem übrigen Pudererythrit abschmecken und anschließend servieren.

LIMETTEN-LASSI

Nährwerte pro Glas: 148 kcal | 10,1 g F | 5,2 g KH | 7,2 g E

ZUTATEN FÜR 4 GLÄSER

3 Limetten
400 g Joghurt
3–4 EL Pudererythrit
1 Msp. Zimt, gemahlen
1 Prise Salz
nach Belieben Eiswürfel

ZUBEREITUNG

Die Limetten halbieren und den Saft auspressen. Den Joghurt in den Mixer geben und mit 150 ml Wasser gut durchmixen. Dann den Limettensaft und das Erythrit zufügen, mit dem Zimt und Salz abschmecken und noch einmal im Mixer schaumig aufschlagen.

Wer möchte, kann nun ein paar Eiswürfel in ein Glas geben, den Limetten-Lassi darübergießen und eiskalt genießen.

TIPP: Falls ihr den Limetten-Lassi nicht gleich genießen wollt, empfehle ich euch, den Lassi in den Kühlschrank zu stellen.

ERDBEER-COLADA

Nährwerte pro Glas: 242 kcal | 18,9 g F | 5,9 g KH | 2,5 g E

ZUTATEN FÜR 4 GLÄSER

200 g Erdbeeren
400 ml Kokosmilch (Dose)
40–60 ml weißer Rum
Eiswürfel
bei Bedarf Ananas-Aroma
Mixer

ZUBEREITUNG

Die Erdbeeren waschen, putzen und vierteln. Die Kokosmilch, die Erdbeeren und den Rum in den Mixer geben. Etwa eine Handvoll Eiswürfel zufügen und gut durchmixen. Die Erdbeer-Colada sollte schön aufschäumen.

Bei Bedarf etwas Ananas-Aroma dazugeben und noch mal gut mixen. Die Gläser bis zur Hälfte mit Eiswürfeln füllen, mit dem Cocktail aufgießen und die Colada servieren.

AMARETTO

Nährwerte pro Glas: 74 kcal | 0,6 g F | 0,1 g KH | 0,8 g E

ZUTATEN

etwa 200 g Zwetschgenkerne
1 Vanilleschote
100 g Xylit
100 g Erythrit
600 ml Rum

AUSSERDEM

großes verschließbares Glas, mindestens 1 l
Trichter
Kaffeefilter
Flaschen zum Abfüllen

ZUBEREITUNG

Die Zwetschgenkerne vom möglichen Fruchtfleisch so gut wie möglich entfernen und in ein großes Glas füllen. Die Vanilleschote aufschneiden und ebenfalls in das Glas geben. Das Xylit und das Erythrit dazugeben.

Den Rum angießen, das Glas verschließen, einmal gut schütteln und an einem dunklen Ort mindestens acht Wochen ruhen lassen.

Die Süßungsmittel dauern recht lange, bis diese sich komplett aufgelöst haben. Nach der Ruhephase vom Amaretto abseihen. Dafür eine Literflasche oder auch kleine Flaschen nach Wahl waschen, säubern und trockentupfen.

Anschließend einen Trichter mit Kaffeefilter in den Flaschenhals stecken und so den Amaretto abseihen. Die Flaschen gut verschließen und genießen.

VANILLEKIPFERL-LIKÖR

Nährwerte pro Shot: 78 kcal | 6,5 g F | 0,6 g KH | 1,3 g E

ZUTATEN FÜR CA. 1,3 LITER

150 g weißes Mandelmus
400 g Sahne
1 Vanilleschote
100 g Pudererythrit
150–200 ml Weinbrand, Rum oder Whisky
Flaschen zum Abfüllen

ZUBEREITUNG

Das Mandelmus mit der Sahne und 600 ml Wasser in einen Topf geben, erhitzen und alles unter Rühren leicht köcheln lassen. Das Mark der Vanilleschote herauskratzen und mit der Schote zum Topfinhalt geben.

Das Pudererythrit zufügen und weiterköcheln lassen. Den Alkohol nach Belieben dazugeben und mit etwas Pudererythrit abschmecken.

Wer möchte, kann den Likör mit weiteren Aromen wie Vanille- oder auch Amarettoaroma verfeinern.

Zum Schluss den Vanillekipferl-Likör in sterile Flaschen abfüllen und vor dem Genuss gut schütteln.

STRAWBERRY-ROSEMARY-COCKTAIL

Nährwerte pro Glas: 111 kcal | 0,0 g F | 3,0 g KH | 1,0 g E

ZUTATEN FÜR 1 GLAS

3–4 Erdbeeren
40 ml Gin
20 ml Limettensaft
2 Zweige Rosmarin
Eiswürfel
kaltes Wasser
300 ml Wasserglas

ZUBEREITUNG

Die Erdbeeren waschen, putzen und in kleine Stücke schneiden. Den Gin und den Limettensaft in das Glas geben. Die Erdbeeren dazugeben und umrühren.

Die Rosmarinzweige waschen, zufügen und das Glas mit Eiswürfeln auffüllen.

Anschließend mit kaltem Wasser aufgießen und den Cocktail servieren.

VANILLE-MANDEL-SHAKE

Nährwerte pro Glas: 47 kcal | 3,7 g F | 1,3 g KH | 1,4 g E

ZUTATEN FÜR 3 GLÄSER

1 l Mandelmilch oder Mandeldrink
3 EL Erythrit
Mark einer Vanilleschote
Eiswürfelbehälter
Mixer

ZUBEREITUNG

Ein Drittel der Mandelmilch in den Eiswürfelbehälter füllen und einfrieren (wer keinen Behälter hat, kann auch ein anderes Gefäß benutzen, muss das Eis aber selbst zerkleinern).

Die gefrorenen Mandelmilch-Würfel in den Mixer geben, die restliche Mandelmilch zufügen und gut pürieren. Das Erythrit sowie das Mark der Vanilleschote hinzugeben und noch mals mixen.

Wenn der Inhalt des Mixers sämig und dickflüssig ist, ist der Vanille-Mandel-Shake auch schon fertig und kann sofort serviert werden.

ZITRONEN-EISTEE

Nährwerte pro Glas: 8 kcal | 0,0 g F | 1 g KH | 0,0 g E

ZUTATEN FÜR CA. 2,2 LITER

4 Beutel schwarzer Tee
4 unbehandelte Zitronen oder
100–200 ml Zitronensaft
Minze nach Belieben
Süßstoff nach Belieben (zum Beispiel
Flüssigsüßstoff oder Pudererythrit)

ZUBEREITUNG

2 l Wasser aufkochen und in eine große Kanne gießen. Die Teebeutel dazugeben, 5–7 Minuten ziehen lassen und herausnehmen.

Die Zitronen halbieren, den Saft auspressen, den Zitronensaft zum Tee geben und kalt stellen.

Zum Schluss die Minze und die Süße nach Belieben dazugeben und genießen.

EARL GREY TONIC

Nährwerte pro Glas: 96 kcal | 0,0 g F | 1 g KH | 0,0 g E

ZUTATEN FÜR 1 GLAS

Eiswürfel
40 ml Gin
20 ml Zitronensaft
100 ml kalter Earl Grey-Tee
200 ml Tonic Water Zero

ZUBEREITUNG

Die Eiswürfel in ein Glas füllen und den Gin und den Zitronensaft dazugeben.

Mit dem Earl-Grey-Tee und dem Tonic Water aufgießen, nach Belieben dekorieren und genießen.

HEISSE WEISSE LOW-CARB-SCHOKOLADE

Nährwerte pro Tasse: 278 kcal | 27,3 g F | 4,6 g KH | 3,3 g E

ZUTATEN FÜR 4 TASSEN

200 g Sahne
100 g weiße Low-Carb-Schokodrops
Zimt nach Belieben
Low-Carb-Süße nach Belieben

ZUBEREITUNG

100 g Sahne aufkochen, vom Herd nehmen und die Schokodrops darin auflösen. 400 ml Wasser erhitzen, zur Schoko-Sahne gießen, alles gut verrühren und nach Belieben mit Zimt und Süße verfeinern.

Die heiße weiße Schokolade auf vier Tassen aufteilen. Die restliche Sahne steif schlagen, eine Haube auf die Tassen setzen und sofort genießen.

REZEPTREGISTER

IMPRESSUM

Verantwortlich: Johanna von Pechmann
Texte, Rezepte & Fotografien: Diana Ruchser
Redaktion: Susanne Cremer
Korrektorat: Judith Bingel
Layout: Fred Feuerstein, wigel
Covergestaltung: Regina Degenkolbe unter Verwendung von Fotografien von Diana Ruchser
Umschlaggestaltung: Mediaservice Rudi Stix
Repro: LUDWIG:media
Herstellung: Bettina Schippel

Gesamtherstellung: GeraNova Bruckmann Verlagshaus GmbH

★★★★★

Sind Sie mit diesem Titel zufrieden? Dann würden wir uns über Ihre Weiterempfehlung freuen. Erzählen Sie es im Freundeskreis, berichten Sie Ihrem Buchhändler, oder bewerten Sie bei Onlinekauf. Und wenn Sie Kritik, Korrekturen, Aktualisierungen haben, freuen wir uns über Ihre Nachricht an: Christian Verlag, Postfach 40 02 09, D-80702 München oder per E-Mail an lektorat@verlagshaus.de.

Unser komplettes Programm finden Sie unter: www.christian-verlag.de

In diesem Buch wird aus Gründen der besseren Lesbarkeit das generische Maskulinum verwendet. Weibliche und anderweitige Geschlechteridentitäten werden dabei ausdrücklich mitgemeint, soweit es für die Aussage erforderlich ist.

Bildnachweis: Alle Bilder des Innenteils stammen von Diana Ruchser. Umschlagvorderseite: Bifteki im Fladenbrot S. 121, Sesambrötchen S. 19, Kürbis-Pilz-Eintopf S. 82, Haselnuss-Brownies S. 169, Bärlauch-Feta-Hörnchen S. 39, Strawbery-Rosemary-Cocktail S. 179, Low-Carb-Hot-Dogs S. 117, Zitronen-Buttermilch-Dessert S. 156. Umschlagrückseite: Bratradieschen S. 86, Quiche Lorraine S. 85, Erdbeer-Mousse-Torte S. 160, Grüner Bohnensalat mit Hackfleisch S. 44, Orientalische Hackbällchen mit Blumenkohlpüree S. 118, Tiramisu ohne Ei und Zucker S. 159

Die Deutsche Nationalbibliothek verzeichnet diese Publikation in der Deutschen Nationalbibliografie; detaillierte bibliografische Daten sind im Internet über http://dnb.d-nb.de abrufbar.

Infanteriestraße 11a, 80797 München

ISBN 978-3-95961-684-3